대체 저 인간은 왜 저러는 거야?

대체 저 인간은
왜 ✕ 저러는 거야?

노주선 지음

이해 안 가는 사람들과
잘 살아가기 위한 심리학 공부

 제10회 브런치북
대상 수상작

Prologue. ✕ 죽도록 싫은 사람이 있을 때

저는 심리상담사라는 일의 특성상, 세상을 살면서 겪는 온갖 고민으로 마음이 힘든 분들을 매일 만납니다. 이분들이 가장 많이 하는 고민은 역시 사람에 대한 고민입니다. 제가 상담을 하다 보면 아래와 같은 하소연을 자주 듣습니다.

'대체 그 인간은 왜 그러는 거죠? 정말 너무너무 화가 나요! 어쩜 그렇게 자기만 생각하고, 다른 사람들한테 피해를 주면서도 문제의식이나 죄책감은 하나도 없이 당당할 수 있죠? 정말 돌겠어요. 이제 그만 사표 던지려고요. 더는 못 참겠어요. 직장생활의 반은 상사 복이라더니 어떻게 하다가 그런 무능하고 못된 상사를 만나서… 어쩌겠어요? 힘없는 제가 나가야지! 그래도 지금까지는 일도 재미있고 회사도 좋아서 그래도 견딜만 했는데…. 더 이상 아무것도 의미가

없어요!'

'사랑이 변하나요? 아니 연애할 때는 그렇게 자상하고 잘해주던 인간이 결혼하고 나니까 어떻게 그렇게 변할 수 있죠? 내가 자기 때문에 뭘 포기했는데…. 특히 싸울 때 보면, 아주 그 인간의 바닥이 다 보인다니까요! 석박사까지 공부한 인간의 인성이 왜 그렇게 무식하고 천박할까요?'

'원래 친구란 오래될수록 가깝고 친해져야 하는 거 아닌가요? 근데 왜 그 친구는 갈수록 불편할까요? 학교 다닐 때는 친했죠! 정말 누가 봐도 금방 알 수 있을 정도의 단짝이었어요. 그런데 대학 가면서부터 왠지 점점 멀어지는 느낌이고 만나도 그렇게 즐겁지 않아요. 대체 왜 그런 거죠?'

한 사람의 삶은 혼자만의 삶이 아닙니다. 항상 누군가와 함께하는 것이 우리의 삶입니다. 우리는 부모에 의해서 태어나고 길러지며, 친구들과 학창시절을 보냅니다. 학교 공부를 마치고 나면 더욱더 힘든 인간관계가 펼쳐집니다. 직장에서의 삶, 또는 사회적 삶 속에서는 어린 시절 경험해 보지 못했거나 지금까지의 상식으로는 이해가 되지 않는 사람들과 갈등을 겪기도 합니다. 사람들과 함께하면서 즐거움과 만족을 얻기도 하지만 마음의 상처와 두려움을 배우기도 합니다.

나를 불편하거나 힘들게 하는 사람을 만나면 자동적으로 드는 생각이 있습니다. '대체 저 사람은 왜 저러는 거야?' 다른 사람의 행동이 이해가 되지 않을 때, 그 사람의 행동 때문에 내가 고통스럽고 불편해지면 왜 그런 행동을 하는지 알고 싶어 합니다. 운전 중 자동차가 고장 나서 멈추면 '대체 뭐가 문제지? 어디가 고장 난 거야?'라고 생각하며 고장 난 곳을 찾아 고치는 것처럼, 우리는 서로의 행동에 대해서도 '왜?'라는 질문을 통해 문제를 발견하고 관계를 바꾸고 개선하려고 합니다.

그런데 특이한 점은 심리적 문제를 대하는 태도나 대처가 자동차나 몸의 문제를 대하는 것과는 다르다는 점입니다. 자동차가 고장 나면 자동차 전문가에게 '왜' 고장이 났는지 묻습니다. 배가 아프면 의사를 찾아가서 '왜' 이렇게 배가 아픈지 묻습니다. 반면에 우리는 심리적인 문제에 대해서는 스스로 답하거나 주변의 사람들에게 묻습니다. 그리고 자신의 살아온 경험의 틀 내에서 서로 열심히 대화하고 원인을 찾습니다.

차가 고장이 나면 자동차 전문가에게, 몸이 아프면 의사에게 찾아가듯이 마음의 문제나 성격에 대한 의문은 심리학 전문가나 성격 전문가에게 질문하는 것이 보다 정확합니다. 특히 어떤 사람의 행동이 매우 특이해서 누군가를 불편하거나 고통스럽게 한다면 일상적인 삶을 살아온 사람들의 경험만으로는 이를 이해하고 받아들이기 어려운 경우가 대부분입니다.

전문가가 아닌 보통 사람들이 보는 사람의 행동과 성격에 대한 관점은 '장님이 코끼리를 만지는 것'과 같습니다. 긴 코와 두꺼운 다리, 두터운 몸통과 그에 비해 너무 빈약한 꼬리 중 자신이 만지고 있는 한 부분을 가지고 코끼리 전체를 판단해 버리는 오류를 범할 수 있습니다. 코끼리를 전체적으로 파악하고 각 부분에 대해 정확하게 판단하는 것이 아니라 자신의 한정된 시야와 주관적인 판단에 의지하기 쉽습니다.

이 책은 사람들의 행동을 이해하고 수용하는 데 도움이 되기 위해 쓴 것입니다. 내가 왜 이러는지 나도 모르겠다면, 도무지 알 수 없는 사람이 있다면, 죽도록 싫은 사람이 있다면, 한두 명의 대화와 경험 안에서 답을 찾기보다 수많은 사람을 연구한 심리학 이론과 상담 경험을 공유받는 것이 도움이 됩니다. 사람이라는 복잡한 동물의 더 복잡한 마음과 성격을 이해하기 위한 노력은 사람과 어울리고 함께 행복과 즐거움을 만들어나갈 수 있는 기반이 됩니다. 먼저 나를 이해하고 다른 사람을 조금이라도 더 이해해서 함께 조화를 이루어 살아가는 데 이 책이 작은 도움이 되기를 바랍니다.

2023년 7월 노주선

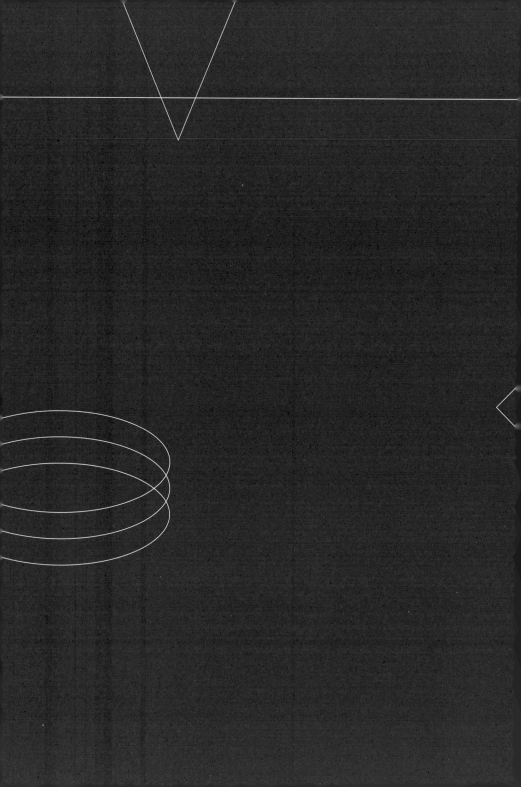

Part 1

왜 이렇게
그 사람이
힘든 걸까요?

1 ✕ 그 사람은 왜 나와 다른 걸까요?

"음, 이런 것도 상담 주제가 되는지 모르겠는데요. 저 자신에 대해서 알고 싶어요. 문득 '나는 누구인가?'라는 생각이 들었는데 제가 생각보다 저에 대해서 잘 모르더라고요. 딱히 무슨 문제가 있는 건 아니에요. 지금까지 열심히 공부했고, 원하는 대학교와 학과에 입학도 했어요. 제가 원하는 것을 다 이루었다고 생각했고, 부러워하는 친구들이 많아요. 그런데 막상 저는 왜 행복하지 않고 공허할까요? 왠지 몸에 맞지 않는 옷을 입고 있는 느낌이랄까? 저는 제 동생이 항상 문제가 많다고 생각했거든요. 맨날 부모님 말은 무시하고 자기가 하고 싶은 것만 하는 동생 때문에 집안이 조용할 날이 없었어요. 그럴 때면 그냥 말을 좀 잘 듣지 왜 저렇게 문제를 일으키는지 짜증이 나면서도 걱정도 되고 그랬어요. 그런데 어느 날 동생이 부모님께 당당하게 자기가 하기 싫은 것과 하고 싶은 것을 말하는데 왠지 속이 시원해지고 부럽다는 느낌이 들었어요. 저는 그런 말을 해본 적이 한 번도 없더라고요. 자기가 무엇을 좋아하고 싫어하는지 알고 당당히 말할 수 있는 동생이 저보다 낫다는 생각이 들었어요. 그리고 나서 친구들을 보니까 다들 자기 삶이나 생활에 만족하면서 당당하게 잘 사는 것 같았어요. 그런데 나는 왜 그러지 못할까 고민되더라고요. 그러다 '나는 어떤 사람인가?'라는 고민이 시작되었고, '내가 정말 원하는 것은 무엇인가?'라는 생각도 하게 되었어요. 지금 저의 삶이 내가 원하는 것이 아니라 그냥 부모님이 원하는 방향이 아니었나… 하는 생각이 들어요. 저는 어떤 사람이죠? 제가 정말로 원하고 바라는 것은 무엇일까요? 그런데 그걸 정말 제대로 찾을 수는 있는 건가요?"

사례 2) 리더십 코칭을 받던 모 회사 임원과의 대화

"요즘 젊은 친구들과 일하면서 당황스러운 일이 많았습니다. 저랑은 생각하거나 행동하는 게 너무 달랐거든요. '대체 저 친구는 왜 저러지?'라는 생각을 많이 했었죠. 회사나 조직 생활의 기본조차도 못 갖추었고 자기중심적이고 개인주의적이라고 생각했어요. 저는 그 나이 때 그렇게 살지 않았거든요. 제 상식으로는 아무리 노력해도 이해가 되지 않았어요. 저도 많이 노력했어요. 그들을 잘 가르쳐야 한다는 사명감으로 저녁에 같이 술 마시면서 대화도 많이 하고, 좋은 말로 설득하려고 시도도 해봤고요, 주변 사람들에게 어떻게 해야 하는지에 대해 조언도 많이 구했답니다. 어떻게든 데리고 일을 해야 하고 가능하면 잘 지내야 되잖아요. 그런데 그럴수록 문제가 해결되는 게 아니라 더 심각해진다는 생각이 들었어요. 그 친구들은 저를 어려워하고 불편해하며, 아예 대놓고 피하는 경우도 있더라니까요. 어떻게 회사 상사에 대해서 그럴 수 있죠? 그럴 거면 아예 회사를 들어오지 말았어야 하는 거 아닌가요?"

내 속엔 내가 너무도 많아

'내 속엔 내가 너무도 많아'라는 노래 가사 그대로 우리는 살아가면서 다양한 모습을 보입니다. 한 개인으로서 '나'라는 존재가 있으나, 보통은 독립적으로 '나'만의 인생을 살 수는 없습니다. 한 가족의 일원으로서 가장이나 부모의 역할을 해야 하기도 하며, 여전히 자식의 역할을 해야 하기도 합니다. 회사에선 상사나 선배, 후배나 부하의 역할을 해야 하기도 합니다. 친구들 사이에서나 다른 일상적인 관계에서도 내가 참여하고 속한 모임의 성격이나 참여자에 따라서 다양한 역할이 주어집니다.

'나'라는 존재는 사회적 상황에 따라 이처럼 다양한 역할을 해야합니다. 이 과정에서 특별한 노력을 기울이지 않아도 자연스럽게 나타나는 행동의 특징들을 '성격'이라고 하며, 상황과 요구에 따라서 해야만 하는 행동들을 '역할'이라고 합니다. 역할을 수행하다 보면 어떤 것들은 그나마 감당이 되지만, 상당한 스트레스나 불편함을 주는 경우들도 있습니다. 성격에 맞거나 원해서 하는 행동이면 큰 문제나 갈등이 없습니다. 어쩔 수 없이 행동하는 경우라도 그로 인한 만족감이나 즐거움이 클 수 있습니다.

하지만 어떤 행동은 하고 난 후에 마음이 불편하고 스트레스를 받을 때가 있는데 바로 나의 원래 성격과는 다른 행동이거나 성격이 맞지 않는 사람과 함께해야 하는 경우입니다. 다른 사람들과 비슷하거나 이해가 쉬운 성격도 있지만 특이하고 개성이 강하여 이해하기 어려운 성격도 많습니다. 특히 특이하고 개성이 강하고, 불편함을 주는 성격의 사람과 계속 함께해야 한다면 여간 힘든 게 아닙니다.

자연스럽게 만들어지는 각자의 프레임

모든 사람은 나름대로 사람에 대한 전문가입니다. 누구나 사람에 대하여, 그리고 나 자신과 상대방의 심리에 대하여 나름대로 일가견을 가지고 있습니다. 사람들은 살아가는 과정에서 겪는 다양한 경험을 통해 다른 사람에 대해 판단하고 평가하며 대응하고 관계하는 자신만의 프레임을 만듭니다. 이 프레임은 사람을 대하는 기본적인 원칙과 기준이 되고 거기에 경험이 쌓이면서 점차 더 정교해집니다. 복잡하고 전문적인 심리학 이론에 영향을 받지 않은, 순수한 개인의 경험에 기초하여 만들어진 개인적 수준의 이론적 프레임이 만들어지는 겁니다. 이것이 각자 독특한 심리 이론을 만들고 그 이론에 근거한 나름대로의 심리전문가가 되는 과정입니다.

성장 과정이나 경험에서 사람들과 서로 지지하고 우호적인 교류가 많았다면 사람에 대해 긍정적인 기대와 평가를 할 것입니다. 반면에 사람들과의 관계에서 상처나 아픔을 많이 경험한 사람은 사람을 불신하고 의심하는 경향을 보입니다. 의심하느라 사람 앞에서 긴장하고, 긴장하느라 자연스러운 관계나 교류가 이루어지지 않다 보니 기분 좋은 교류보다는 불편한 교류나 경험이 쌓입니다. 그러면 결국 인간관계에 대한 부정적 프레임이 단단해집니다.

또 똑같은 경험을 했더라도 그것을 받아들이고 해석하는 방법은 다 제각각입니다. 그래서 각자 가지고 있는 자신만의 프레임은 그 모양이나 내용이 천차만별일 수밖에 없습니다. 이렇게 서로 다른 프레임에 의해 갈등과 문제가 생깁니다. 초등학생도 친구나 선생님에 대한 나름대로의 생각을 가지고 있으며, 청소년이 되면서는 자신만의 프레임이 더욱 확고해지면서 부모와 갈등을 겪고 대립하기도 합니다. 직장생활을 하면 상사나 동료, 고객들이 각자 가지고 있는 프레임과 격하게 대립하기도 합니다. 사랑하여 연애를 하거나 결혼을 해도 관계가 깊어지면서 서로의 프레임이 다르기 때문에 생기는 문제들이 나타납니다.

오해와 갈등을 일으키는 개인의 프레임

각자 가지고 있는 사람에 대한 견해와 프레임이 모두 맞는 것은 아닙니다. 이는 한 사람의 제한된 경험에서 만들어진 것이며, 한 사람의 입장에서 해석하고 받아들인 결과이기 때문입니다. 체계적이고 객관적인 리뷰나 조사에 의한 것이 아니며, 검증을 거치지도 않았고, 반대되는 증거들에 대한 진지한 논의도 거치지 않은 편향된 이론 체계입니다.

예를 들어, 사람은 누구나 성별에 대한 인식, 지역감정, 그리고 결혼이나 육아에 대한 관점 등 사람의 다양한 측면에 대한 견해와 프레임을 가지고 있습니다. 그런데 개인의 주관적인 경험에 근거하여 만들어진 이론 체계이다 보니 딱히 정답을 정하기 어렵습니다. 단적으로 '사람은 원래부터 선한가, 아니면 악한가?' 등과 같은 인간의 본성에 대한 논쟁부터 시작하여, '사랑은 과연 변하는 것인가?'에 대한 지극히 주관적인 가치에 대한 문제는 물론이며, '나이를 먹는다는 것은 성숙해지는 것인가, 아니면 단지 매력이 줄어드는 과정인가?' 하는 철학적 문제들까지 각자 나름대로의 경험에 따라 서로 다른 주관적인 판단을 합니다.

그 결과 개인들 간의 프레임은 부딪칠 수밖에 없으며, 그로 인한 오해와 갈등이 생기기 마련입니다. 결혼에 대한 프레임이 크게 다른 부부는 서로 다른 기대와 요구로 대립을 겪기 쉽습니다. 또한 나이나 살아온 경험이 크게 다른 세대가 함께 일하는 직장인들 간에는 예의 수준이나 회식에 대한 태도 등 직장 내 행동에 대한 프레임이 서로 달라 갈등이 일어납니다.

다른 예로 스마트폰에 대해서도 부모와 자녀 세대는 전혀 다른 프레임을 가지고 있습니다. 스마트폰을 어른이 되어서야 접하였고 종이책을 중심으로 정보 획득을 해왔던 경험을 가진 부모들은 과도한 스마트폰 사용은 문제이며 이를 어떻게 통제하고 줄일지 고민합니다. 하지만 어려서부터 스마트폰이나 다양한 미디어 매체를 접하였던 자녀 세대에게 스마트폰은 그냥 신체의 일부와 같이 자연스러운 것입니다. 그래서 신체의 일부처럼 익숙한 도구의 사용을 제한하는 것은 지극히 불편하고 이해하기 어려운, 말도 안 되는 간섭일 뿐이라 느낍니다.

직장 내에서도 마찬가지입니다. '칠전팔기와 헝그리 정신'을 바탕으로 일하는 것에 익숙한 리더의 세대는 '헝그리'한 경험 자체도 별로 없으며 강제와 통제보다는 자발적인 선택과 자율적 의사결정에 익숙한 신세대의 프레임을 이해하기 어렵습니다. '헝그리'해 본 적도 없고 통제 받았던 적도 없는 신세대를 통제하고 강압하는 것은 그들의 동기를 떨어뜨리고 리더 세대를 '꼰대'라 부르며 멀리하게 만듭니다.

2 ✕ 정상과 이상? 그 애매한 경계

> (격렬한 싸움 중인 부부의 대화)

A : 당신은 어쩜 나한테 그럴 수 있어?

B : 내가 뭘? 내가 보기에는 당신이 더 문제야.

A : 뭐라고? 내가 더 문제라고? 헐, 정말 기가 막히네. 당신이 이렇게 이상한 사람인 줄 알았으면 내가 진짜 결혼을 안 했지! 연애할 때는 어쩜 그렇게 정상인 척하면서 살았대?

B : 뭐라고? 내가 하고 싶은 얘기네요. 당신이 이렇게 이상하고 옹졸하고 쪼잔한 인간인 줄 알았으면 나도 결혼 안 했어! 누가 할 소리를?

A : 정말 당신은 문제의식이 없구나! 저는요, 어릴 때부터 문제 한 번을 일으키지 않고 살아온 모범생이에요! 그런 내가 쪼잔하고 옹졸하다고? 그럼 너는 그냥 원칙도 없이 무절제한 충동적 인간이지! 너같이 인생 계획과 목표도 없이 감정적이고 충동적으로 사는 사람

을 어떻게 믿고 같이 사니?

B : 너야말로 문제의식이 없지! 당신이 얼마나 사람을 숨 막히게 하는 줄 알아? 당신 팀원들에게 물어봐라. 다들 너 때문에 숨 막혀서 죽을 것 같다고 할걸? 사람이 인간답게 살아야지, 나는 정말 너같이 AI처럼은 살기 싫다!

A : 말 다 했어? AI라고? 그럼 너는 그냥 단세포 동물이겠네? 아무런 생각도 없이 즉흥적으로 본능과 순간 느끼는 대로 사는 짐승!

B : 그래, 기계랑 짐승이 어떻게 같이 살겠어! 그래, 너는 너보다 더한 AI 만나서 엄청나게 쪼이면서 잘 살아봐라, 이 이상한 인간아!

나는 정상입니까

우리는 가끔 '내가 미쳤나? 왜 이러는 거지?'라는 생각이 들 때가 있습니다. 스스로 생각해도 이해하기 어려운 행동을 했거나 사고를 저질러 놓고 나면 자연스럽게 이런 생각이 듭니다. 더 흔하게는 다른 사람이 특이한 행동을 하거나 문제 행동을 보일 때입니다. 그럴 때면 '대체 저 인간은 왜 저러는 거야?'라고 생각하거나 '저 사람 미친 거 아니야?'라는 말이 자동적으로 떠오릅니다.

뉴스에서는 우리의 상식과 경험으로 이해할 수 없는 범죄자나 특이한 행동을 하는 사람들의 기사들이 넘쳐납니다. 아주 엉뚱한 짓을 해서 웃음을 터트리게 하는 사람이 있는가 하면, 범상치 않은 수준으로 남들을 위해서 헌신하고 노력하는 사람에 감동을 받기도 합니다. 반면 꽉 막히고 고집스러운 행동으로 고구마 같은 답답함을 선

물하는 사람들도 있으며 일반적인 상식으로는 도저히 이해하고 납득하기 어려운 잔혹하고 끔찍한 범죄를 저지르는 사람들도 볼 수 있습니다.

그런데 이런 사람들을 미디어에서만 볼 수 있는 것은 아닙니다. 정도의 차이가 있을 뿐 직장 동료들 중에서도 쉽게 발견할 수 있으며, 상사처럼 불편한 관계에 있는 사람들에게서는 더 자주 볼 수 있습니다. 때로는 세상에서 제일 편안한 관계여야만 하는 친구 사이에서도 화를 꾹꾹 참으면서 견뎌주어야 하는 사람이 있으며, 심지어는 가족 내에도 빌런이 있습니다.

이상한 것과 다른 것

우리가 자주 쓰는 표현 중에 '이상하다'라는 말이 있습니다. 객관적이고 상식적 기준에서 보았을 때의 정상 범위를 벗어나는 행동을 한다는 의미입니다. 객관적인 관점에서 보았을 때 정상 범위를 벗어나는 행동이라면 이는 당연히 이상하다고 판단할 수 있습니다. 하지만 각자의 프레임이 천차만별이듯이 이 상식적 기준도 천차만별입니다. 그래서 상당히 '주관적'인 판단일 수밖에 없습니다.

다른 의미로는 창조적이고 혁신적인 '이상함'이 있습니다. 이는 일반적이지 않고 상식적으로 이해하기 어려우며 그 내용이나 방향이 특이하고 독특하기는 하나 문제라고 보기는 어려운 경우입니다. 때로는 풍부한 창의력과 아이디어로 생각될 수도 있습니다. '범상치 않다'고도 하는데 이 또한 정상적인 범주를 벗어나는 '이상한' 행동인 것은 마찬가지입니다.

그런데 우리는 때때로 이상하지 않은 것을 이상하다고 판단하는 때가 있습니다. 바로 '나와 맞지 않은 것'을 이상하다고 판단해 버리는 것입니다. 사람의 성격이나 행동은 매우 다양하며 서로 다릅니다. 어떤 행동은 나와 비슷하거나 이해가 되지만 나와 다른 행동들은 마찰이나 갈등을 일으키기도 합니다.

예를 들어 외향형 성격의 사람들은 빠른 판단에 기초하여 적극적인 행동으로 신속한 결과를 만들고자 합니다. 반면에 내향형 성격의 사람들은 신중한 판단에 기초하여 조심스럽게 행동하기 때문에 속도는 느릴 수 있지만 정교하고 완벽한 결과를 만들어낼 수 있습니다. 그런데 외향형 성격과 내향형 성격의 사람이 함께 일을 해야 하는 상황에서는 이들의 일 처리 방식과 일의 속도가 맞지 않아 갈등이나 이견을 보일 수 있습니다. 이런 경우, 서로의 '다름'을 상대방이 '이상하다'라고 판단해 버리기도 합니다. 실제로는 서로 완벽하게 보완적이며 도움이 되는 관계임에도 불구하고 말입니다.

이상하게 보이는 3가지 이유

그렇다면 사람들이 왜 이상하게 보이는 것일까요? 가장 기본적이며 중요한 원인은 바로 성격이 다를 때입니다. 성격은 한 사람을 특징짓는 인지, 정서, 행동적 특징들을 말합니다. 성격은 일을 하거나 인간관계에서 보이는 전형적인 패턴으로 일관적이고 안정된 방식으로 드러납니다. 어느 정도는 타고나며 성장 과정의 경험들이 쌓여서 나타나는 심리적 결과입니다. 이렇게 사람의 성격은 천차만별일 수밖에 없는데 이를 이해하지 못하면 이상해 보이는 겁니다. 예를 들어, 가족 모두가 내향적 성격인데 혼자만 외향적 성격이라면 과잉행동을 한다거나 심지어는 ADHD처럼 주의산만한 문제 행동이라고 판단해 버리는 겁니다.

사람들이 이상하게 보이는 또 다른 원인은 역할입니다. 자신에게 요구되는 역할에 따라 자신의 성격이 감당할 수 있는 범위 내에서 최선을 다해 그 역할을 수행합니다. 하지만 자신이 감당할 수 있는 수준 이상이 요구되거나 역할에 맞는 행동을 하지 못하는 경우에는 이상한 행동을 보이게 됩니다. 나름대로 최선을 다하기는 하지만 필요한 스킬이 부족하거나 익숙하지 않기 때문에 잘하지 못한 것입니다.

이상하게 보이는 마지막 원인은 나의 잘못된 판단입니다. 다른 사람의 행동이 실제로는 이상한 행동이 아닐 수 있으나 나의 경험이나 지식이 부족해서 이상하다고 잘못 판단하는 경우입니다. 지금까지 나의 경험에 비추어 봤을 때 납득이 되지 않고 나에게 불편함이나 스트레스를 준다면 이상하다고 판단해 버립니다. 그런데 나중에 오랜 시간을 함께하거나 그 사람의 생각이나 경험을 알게 된 후에는 이해되는 경우들이 많습니다. 즉, 우리는 서로의 다름과 차이를 이상하다고 판단해 버리는 오류를 자주 범합니다. 적어도 이런 오류를 수정하는 것만으로도 많은 갈등과 대립, 그리고 그로 인한 마음의 불편함을 줄일 수 있습니다. 그것이 바로 제대로 '성격 공부'를 해야 하는 이유입니다.

3 ✕ 타고난 성격과 주어진 역할

돌보는 성격 vs 돌봄 받는 성격

누군가의 성격을 알고 싶을 때 흔히들 형제 서열을 묻곤 합니다. 맏딸과 막내아들이 만나면 잘 산다는 속설도 있습니다. 다르게 보면, 맏이끼리 만나거나 막내끼리 만나는 경우 서로 티격태격하면서 갈등을 겪는 경우들이 많습니다. 과연 이 말이 심리학적으로 맞는 이야기일까요? 맞다면, 그 이유는 무엇일까요? 이를 간단하게 이해할 수 있는 성격 구분법이 바로 '돌보는 성격' vs '돌봄 받는 성격'입니다.

'돌보는 성격'이란, 다른 사람들을 돕거나 베푸는 것을 좋아하고 즐기는 성격입니다. 이들은 다른 사람을 리드하는 편이며, 내가 만족하기보다는 상대방을 만족시키기 위해서 노력합니다. 사람들에게 칭찬과 위로를 아끼지 않으며, 분위기를 이끌어 자신보다 상대방이나 자신이 속한 집단 전체의 만족을 위해 노력합니다.

이와는 반대로 '돌봄 받는 성격'은 다른 사람의 지원이나 도움을 받는 것에 익숙한 성격입니다. 쉽게 도움을 요청하고 다른 사람이 도와주는 것을 잘 받아들입니다. 도움을 받는 것에 부담감도 별로 없으며, 어떤 경우에는 돌봄 받는 것을 즐기는 것으로 보이기도 합니다. 때로는 이를 너무 당당히 요구하거나 당연히 여겨서 이기적이라는 평을 받기도 합니다. 반대로 남을 챙기거나 돌보는 것에는 관심이 덜하며 관련된 스킬도 떨어지는 편입니다.

사회적 요구에 따라 역할이 정해진다

형제 중 첫째는 주로 돌보는 역할을 담당합니다. 이는 어쩔 수 없는 타협의 결과입니다. 어리고 약한 동생이 태어났을 때 첫째는 이미 어느 정도 성장했기 때문에 부모의 요구에 따라 어쩔 수 없이 돌보는 역할을 배우게 됩니다. 이는 동생에게 빼앗긴 부모의 애정과 관심을 얻기 위한 생존 방법의 하나일 수도 있습니다. 이렇게 첫째에게는 본인의 의지와는 상관없이 돌보는 역할이 부여되는 경우가 많습니다.

이에 반해 막내는 성장 과정에서 딱히 누군가를 돌보아야 하는 부담이나 요구가 적습니다. 자신의 요구나 원하는 바에 따라 살아도 큰 문제가 없습니다. 주변에서도 막내는 어느 정도 그럴 수 있다고 생각하며 그들의 요구를 만족시켜 주면서 이런 성향을 강화시킵니다. 그래서 타인에 대한 배려나 관심보다는 자신만 관리하거나 자신의 만족에 따라 움직이는 행동 습관을 키우게 됩니다.

이처럼 첫째에게 일반적으로 부여되는 역할과 막내에게 요구되는 역할은 서로 큰 차이를 보입니다. 사람은 성장과정에서 겪는 이런 사회적 요구들로부터 자유로울 수는 없으며 상당히 영향을 받습니다. 그래서 맏이들은 자신도 모르게 '돌보는 역할'에 익숙해지며, 막내들은 '돌봄 받는 역할'에 길들여집니다.

사회적 역할보다 중요한 것은 타고난 성격이다

그렇다면 모든 맏이들은 돌보는 성격일까요? 아니면 모든 막내들은 돌봄 받는 성격일까요? 꼭 그렇지는 않습니다. 사회적으로 요구되는 역할보다 더 중요한 것은 바로 성격입니다. 다른 사람을 돌보는 것을 좋아하고, 그 과정에서 만족감을 느끼는 성격이 있습니다. 반대로 다른 사람을 돌보는 것에는 관심과 동기가 적고 다른 사람이 나를 돌봐주는 것이 마냥 편하고 좋은 성격도 있습니다. 이는 형제 서열과 별개로 본인의 타고난 성격일 뿐입니다.

그런데 타고난 성격과 요구되는 역할이 다를 때, 문제나 갈등이 일어납니다. 만약 첫째인데 돌보는 성격보다는 돌봄 받는 성격이라면 철없다는 얘기를 많이 듣거나 자신이 해야 하는 의무를 제대로 하지 못했다는 불편한 기분을 느끼게 됩니다. 막내나 중간 서열임에도 불구하고 돌보는 역할을 담당하는 경우도 마찬가지입니다. 성격상 그냥 돌보는 역할이 맞아서 그런 경우는 그래도 낫습니다. 그런데 맏이가 병이 있다던가 또는 너무 철이 없거나 완전히 돌봄 받는 성격이어서 돌보는 역할을 제대로 감당하지 않고 다음 서열이 돌보는 역할을 하는 경우에는 속으로 화가 나거나 억울함이 쌓이는 경우도 있습니다.

같은 성격은 부딪친다

사람의 기본적인 성격을 돌보는 성격과 돌봄 받는 성격으로 나눈다면 가장 자연스러운 조합은 서로 보완적인 관계입니다. 즉, 한 사람은 돌보는 성격이며, 다른 한 사람은 돌봄 받는 성격인 경우입니다. 이런 경우에는 돌보는 성격은 돌봄 받는 성격에게 지원과 돌봄을 제공하고 그 안에서 충분한 보람과 만족감을 얻습니다. 돌봄 받는 성격도 자신을 돌봐주는 돌보는 성격에 대해서 긍정적으로 평가하고 호감을 가질 가능성이 높습니다.

그런데 같은 성격끼리 만나면 갈등이 생길 수 있습니다. 즉, 돌보는 성격과 돌보는 성격 또는 돌봄 받는 성격과 돌봄 받는 성격끼리 만나는 경우입니다. 이런 경우에는 서로의 역할이 겹치기 때문에 다양한 갈등이나 잡음이 생기기 쉽습니다. 예를 들어 돌보는 성격은 같이 식사할 때에도 상대방의 선택에 맞추려는 경향을 보입니다. 상대방에게 '점심 뭐 먹고 싶어?'라는 질문을 습관적으로 건네고 같은 습관을 가진 상대 돌보는 성격은 본인이 무엇을 먹고 싶은지를 답하기보다는 '글쎄 너는 뭐 먹고 싶은데?' 라고 되묻습니다. 이런 절차와 과정이 수차례 반복되면서 둘 다 짜증이 나기도 합니다. '아니 내가 챙겨주려고 하는 건데 왜 대답을 안 해? 참나.'라고 서로 불평합니다. 즉 상대방의 선택을 존중하고 맞추어주고자 하는 서로의 역할이 부딪치는 것입니다.

반대로 돌봄 받는 성격은 자신이 원하는 바를 요구하며 자연스럽게 식사 메뉴를 결정해서 돌봄 받는 성격끼리 만나면 서로 자기가 먹고 싶은 메뉴를 맞춰주지 않는 것에 불만을 갖습니다. 그래서 돌봄 받는 성격끼리는 각자 먹고 싶은 메뉴를 1인분씩 주문할 수 있는 곳에 가는 것이 좋습니다. 메뉴를 정하다가 다툼이 생길 수도 있기 때문입니다.

돌보는 성격끼리 만나면 누구도 자신의 요구를 정확히 말하지 않거나 서로 상대방의 요구에 맞추려고 하다가 오히려 갈등이 생깁니다. 반대로 돌봄 받는 성격끼리 만나면 자신의 요구나 희망대로 하려는 데에서 문제가 생기고 상대방이 자신의 요구에 맞춰주지 않는 데에서 갈등이 생깁니다. 그래서 같은 유형끼리 만나면 자연스럽게 역할이 재구성됩니다. 즉, 주로 '돌보는 성격'이었지만, 다른 곳에서는 '돌봄 받는 역할'을 하거나, 주로 '돌봄 받는 성격'이던 사람이 다른 곳에서는 '돌보는 역할'을 하기도 합니다.

돌보는 것도 돌봄 받는 것도 본능이다

돌보는 것도 돌봄 받는 것도 모두 인간의 기본적인 본능입니다. 다만 성격이나 역할에 따라서 그 비율과 비중이 달라질 뿐이며 한쪽에 대한 본능이 전혀 없지는 않습니다. 그래서 사회생활에서는 모두를 돌보는 '왕언니' 역할과 성격을 가진 사람도 가족처럼 자신에게 익숙하고 편안한 사람들에게는 돌봄 받으려는 본능을 채우려고 하는 경우도 있습니다. 또는 대부분의 상황에서는 돌봄 받는 역할에 익숙했던 사람이 직책이나 역할을 맡았을 때에는 주도적으로 사람이나 조직을 잘 돌보고 리드하기도 합니다.

두 가지 모두 인간의 기본적인 본능이며, 모두 만족되어야 합니다. 내적 신념이나 사회적으로 요구되는 역할에 따라서 한쪽만을 너무 충족하는 것도 문제이고, 나머지 욕구가 지나치게 결핍되는 것도 문제입니다. 이 기본적인 본능을 모두 건강하게 충족하는지 확인하기 위해서 다음의 질문들에 순서대로 답해 보세요.

1. 나는 기본적으로 돌보는 성격인가, 아니면 돌봄 받는 성격인가?
2. 기본적인 성격과 상관없이 내가 돌보는 역할을 하는 사람들은 누구이며, 얼마나 있는가?
3. 기본적인 성격과 상관없이 나를 돌보는 역할을 하는 사람들은 누구이며, 얼마나 있는가?
4. 내가 돌보는 역할을 하는 사람이 많은가, 아니면 나를 돌보는 역할을 하는 사람이 많은가?
5. 그 비율이 나의 기본적인 성격과 일치하는가?

타고난 성격과 나의 역할이 일치하거나, 내가 돌보는 사람과 나를 돌보는 사람의 비율이 어느 정도 균형이 맞다면 큰 문제가 없습니다. 그러나 나의 성격과 현재의 역할이 일치하지 않거나 한쪽으로만 너무 치우친다면 이는 불편하거나 스트레스가 될 수 있습니다.

사람은 누군가를 돌보고 리드하면서 만족감과 성취감을 느끼는 부분이 있으며, 반대로 누군가에게 돌봄 받으며 소속감과 안정감을 느끼기도 합니다. 이 두 가지는 모두 모든 사람들에게 내재된 부분이며, 두 가지 모두 어느 정도는 충족되어야만 합니다. 다만 나의 성격을 정확히 알아서 한쪽으로 너무 치우치거나 한쪽이 너무 결핍되지 않도록 균형을 잡는 것이 중요합니다. 그래서 자신의 성격을 잘 아는 것이 필요합니다.

Part 2.

전쟁터 같은
직장에서 살아남는
성격심리학

왜 우리는
직장생활이 힘들까

직장인은 하루 대부분의 시간을 직장에서 보내며, 많은 사람들과 어울려 일을 합니다. 그들과 함께 열심히 노력하여 놀라운 성취와 성공을 만들어내기도 하며, 어떤 때는 큰 스트레스와 마음의 고통을 겪을 수도 있습니다. 어떤 경우라도 그 과정에서 빼놓을 수 없는 것이 바로 '사람'입니다.

다행히도 나와 잘 맞고 나를 이해하며 도와주는 좋은 동료를 만난다면 즐겁고 행복한 직장생활이 될 수 있습니다. 그들과 즐겁게 일하며, 가끔씩 차 한 잔을 하며 수다를 떨고, 긍정적인 마음으로 일에 몰입하여 성공의 가능성 또한 높아질 것입니다. 반면 같이 일하는 동료나 상사와 서로 스타일이 맞지 않거나 갈등을 빚기도 합니다. 그래도 좋은 마음으로 잘해보려고 하거나 어떻게든 이해하고 참고 넘어가려고 노력할 수도 있습니다. 그런데 아무리 노력한다고 해도 도저히 이해하기 어려운 행동을 계속한다면 그만큼 고통스럽고 괴로운 시간도 없을 것입니다.

나의 상식이나 지금까지의 경험으로 도저히 이해하기 어려운 그 사람들 때문에 직장생활이 힘들다면 이제 그들을 관찰하고 구분해서 제대로 이해해 보세요. 그들은 왜 그런 행동을 하는 것일까요? 어떻게 하면 그들을 이해할 수 있을까요? 그들을 어떻게 대해야 하며, 혹시 잘 지낼 수 있는 방법은 없을까요? 내게 스트레스를 주는 그 사람들을 이해하고 잘 대할 수 있는 기술들을 알아봅니다.

1 ✕ 매사에 분노하는 사람 :
공격적 성격

본인 관점

"저는 우리 회사의 혁신가, 김대리입니다. 저는 항상 새로운 관점으로 세상을 바라보며, 더 좋은 세상을 만들기 위해서 기꺼이 헌신하고 노력합니다. 아직도 세상은 불합리하고 부당한 것투성이에요! 더 좋은 세상을 만들기 위해서는 더 많은 노력과 혁신이 필요하다고 생각합니다. 그런데 생각보다 이 과정이 쉽지는 않은 것 같아요. 지난번에 제 친구가 저한테 '너는 왜 그렇게 맨날 투덜대는 건데? 그냥 대충 좀 맞춰 살아~'라고 하더라고요. 제 상사도 그래요. 제가 무슨 문제 제기를 하면 '그래 너 혼자 잘났다! 세상에 너만 똑똑하고 너만 옳지? 그냥 하라는 대로 좀 해!'라고 합니다. 이거 잘못된 거 아닌가요? 저는 그런 말들에 너무 화가 나요. 왜냐하면, 첫째, 저한테 어떻게 '투덜이'라고 말할 수 있죠? 그런 인신공격성 표현을 아무렇지도 않게 하고 제 인격을 존중하지 않는 것을 보면 참기 힘들어요. 둘째, '대충 맞춰 살라'는 게 말이 됩니까? 우리는 항상 최선을 다해서 열심히 살아야 하는 거 아니에요? 대충 살라니요? 그건 내 인생에 대한 직무유기를 하는 거예요! 셋째, 사람은 자고로 문제점을 분석하고 거기에서 개선점을 찾아서 끊임없이 발전하려고 노력해야 하는 거 아닌가요? 제가 틀린 말을 한 것도 아니고 맞는 얘기를 했으면 거기에 맞춰서 노력해야 하는 거잖아요! 그런데 문제를 지적하는 저에게 오히려 투덜이라고 욕을 하다니. 이런 자세는 잘못된 거라고 봐요! 이런 식의 나태하고 게으른 사고방식 때문에 우리는 훨씬 더 발전할 수 있는 기회를 놓치는 것 아니겠어요?"

타인 관점

"저희 회사에 김대리라는 친구가 있어요. 근데 그 친구 때문에 아주 돌아버리겠어요. 사사건건 시비를 걸면서 맨날 투덜거리는데 아주 생각만 해도 머리가 아파요. 물론 틀린 말을 하는 건 아니에요. 그런데 현실적인 것들은 다 잘못됐다고 하고 원리원칙만 주장하면서 하나씩 다 따져가며 불평을 한다니까요. 지난번에도 너무 급한 일이 있어서 좀 빨리 처리하라고 부탁을 했어요. 그랬더니 '이런 식으로 갑작스럽게 업무를 지시하면 어떡합니까? 이렇게 충분한 여유를 주지 않고 업무 지시를 하면 업무 품질이나 성과는 낮아도 되는 건가요? 리더의 핵심적 역할 중 하나가 효율적인 업무 관리와 지시 아닙니까? 왜 팀원의 입장이나 상황을 고려하지 않는 겁니까?'라고

하면서 다 따지는데… 하, 정말 자기가 제 상사라니까요! 지가 상사
가 된 다음에 얼마나 똑바로 하나 꼭 확인할 거예요!"

나는 또는 그 사람은 공격적인 사람인가

사례를 읽으면서 어떤 생각이 드셨습니까? '어, 나도 그런 것 같
은데? 남들이 나를 공격적인 사람으로 볼까?'라는 생각이 드셨나요?
또는 '맞아. 바로 그 사람 얘기네! 그 사람이 바로 그래!'라는 생각이
드셨나요? 나 자신 또는 다른 사람의 공격적인 행동에 대해서 객관적
으로 평가해 보세요.

스스로의 행동 평가해 보기	
각 문항에 대하여 상(3점) - 중(2점) - 하(1점)으로 평가한 후 점수를 합산해 보세요. 합이 12점 이상이면 '(남들이 보기에) 나는 공격적인 사람으로 보여질 수 있음'입니다.	
1. 나는 나만의 분명한 원칙과 기준을 가지고 있다	상 - 중 - 하
2. 나는 합리적이고 논리적이다	상 - 중 - 하
3. 나는 부당하거나 불합리한 것을 보면 참기 힘들다	상 - 중 - 하
4. 자신의 문제를 깨닫지 못하는 사람들에게는 지적해 주는 것이 맞다고 생각한다	상 - 중 - 하
5. 문제가 있다면 적극적으로 개선하고 해결해야 한다	상 - 중 - 하

다른 사람의 행동 평가해 보기	
각 문항에 대하여 상(3점) - 중(2점) - 하(1점)으로 평가한 후 점수를 합산해 보세요. 합이 12점 이상이면 '그 사람은 공격적인 사람일 가능성이 높음'입니다.	
1. 그 사람은 항상 불평이나 불만이 많다	상 - 중 - 하
2. 그 사람은 논리적이고 합리적인 성향이 강하다	상 - 중 - 하
3. 그 사람은 주로 문제점에 초점을 둔다	상 - 중 - 하
4. 그 사람은 자주 화를 낸다	상 - 중 - 하
5. 그 사람은 본인의 문제보다는 타인의 문제를 지적하는 데 더 관심이 있다	상 - 중 - 하

대체 저 사람은 왜 저렇게 따지는 걸까

'공격성'이라는 말을 들으면 어떤 느낌이나 생각이 듭니까? 긍정적인 느낌입니까, 아니면 부정적인 느낌입니까? 보통 공격성은 부정적인 느낌으로 많이 사용되지만 인간이 가져야 하는 기본적인 본성이기도 합니다. 우수한 무기와 잘 훈련된 병력으로 갖추어진 국방력이 한 국가의 안위를 보호하는 기본적인 조건이듯이, 공격성 또한 자신을 보호하기 위한 기본적인 본능입니다.

하지만 공격적인 사람들은 자신을 보호하기 위한 목적보다는 상황이나 다른 사람의 행동에 대해 문제점 중심으로 접근하는 경향이 강합니다. 불합리한 점이나 문제점을 잘 찾아내서 상대방의 행동을 지적하거나 화를 내는 등 갈등이나 문제를 자주 일으킵니다. 그렇다 보니 마음속에 화가 많이 쌓입니다.

다른 사람의 입장에서도 공격적인 사람을 대하는 것은 많이 불편합니다. 좋게 말해도 되는 것을 정색하면서 따지고 들거나 '지적질'을 많이 하기 때문입니다. 적절한 수준이라면 합리적인 지적이고 '아 그렇지! 내가 고쳐야겠네!'라는 생각이 들기도 하며, 나의 인생에 도움이 된다고 느낄 수도 있습니다. 하지만 지나치게 공격적인 경우에는 불쾌하거나 마음에 상처를 받기 쉽습니다. 내 잘못이 맞다고 생각하다가도 화가 나기도 하고 심한 경우에는 '너는 뭘 잘했는데? 너는 얼마나 똑바로 살길래!'라는 반발심도 생깁니다.

그렇다면 공격적인 성격의 사람들은 대체 왜 그런 행동을 하는 것이며 어떤 심리일까요? 공격적인 성격의 사람들은 보통 다음과 같은 다섯 가지 특징이 있습니다.

1 | 자신의 원칙과 논리에 근거한 '자기주장 중심'

공격적인 사람들은 일반적인 규칙이나 규범을 별로 중요하게 생각하지 않습니다. 이를 무조건 따르기보다는 합리적인지 먼저 따져 보고, '내가 이 규칙을 왜 따라야 하지?'라는 생각을 합니다. 즉, 규칙이나 규범을 자신의 입장이나 생각에 따라 재해석하여 받아들입니다. 예를 들어, 식사 자리에서 막내가 수저를 놓기 등의 직장 내에서 자연스럽게 형성된 관습을 잘 따르지 않으며, 이를 지적하면 '왜 제가 막내라고 이런 걸 해야 하죠? 누가 정했죠? 이걸 제가 왜 따라야 하죠?' 등과 같이 강한 반발을 하기도 합니다.

2 | 논리적으로 사람을 홀리는 '현란한 설득력'

공격적인 사람들은 합리적인 논리를 통해 사람을 설득하는 능력이 뛰어납니다. 공격적인 사람들의 현란하고 선동적인 설득력은 이들의 강력한 매력 중 하나입니다. 왜냐하면 다 맞는 말만 하기 때문입니다. 단, 내 편이나 우리 편인 경우에 그렇습니다. 남의 편이라면 아주 상대하기 곤란하고 불편한 사람이 됩니다. 관습적으로 이어진 부당한 관행을 참지 않고 지적하여 논리적으로 따진 글을 게시판에 올리면 많은 사람들이 '좋아요'를 누릅니다. 하지만 현실을 고려하지 않은 이상적인 기준에 근거한 '맞는 말'을 계속 들어야만 하거나 수시로 쏟아내는 '맞는 말'에 따라 관습이나 시스템을 바꾸어야만 하는 사람들은 상당한 스트레스와 갈등을 겪을 수밖에 없습니다.

3 | 어떤 지적도 피해 가는 '자기중심적 합리화'

공격적인 사람들의 '자기주장 중심'과 '현란한 설득력'이 합쳐지면 '자기중심적 합리화' 현상이 강하게 나타납니다. 쉽게 표현하면 '변명'입니다. 어떤 상황에서든 자신의 관점에서 합리화하려고 하며, 충분한 논리와 설득력을 가지고 있기 때문에 이 변명마저도 그럴듯해 보입니다. 다만 그 논리가 자신이 중시하는 근거나 논리를 중심으로 접근한 것이라서 결국 자신에게 유리한 방향으로 결과를 만들어갑니다. 그래서 그들의 문제를 지적했던 사람들도 '어어, 이건 아닌데…?' 싶은데도 반박할 논리가 부족해 어쩔 수 없이 넘어갈 때가 자주 생깁니다.

이게 심해지면 자신의 이익이나 쾌락을 위해 거짓말을 하거나 다른 사람을 가스라이팅(타인의 심리나 상황을 교묘하게 조작해 그 사람이 스스로를 의심하게 만듦으로써 타인에 대한 지배력을 강화하는 행위) 하기도 합니다. 워낙 설득력이 좋고 현란한 논리를 가지고 있기 때문에 거짓말이나 가스라이팅을 눈치채는 것도 쉽지 않습니다. 결국 자신의 책임은 없으며 잘못의 원인을 다른 사람이나 상황으로 돌리는 자기중심적 합리화를 전개합니다. 그래서 이들은 '탁월한 변명꾼'으로 보이기도 합니다.

4 | 결국 폭발하는 공격적 행동과 분노

공격적 사람들은 자신의 기준에 맞춰서 매사를 따져봅니다. 이런 접근이 때로는 문제점을 찾아내고 개선하는 데 도움이 될 수 있습니다. 하지만 '따지는 것'의 수준이 선을 넘으면 매사가 불만족스럽습니다. 그 결과 마음속에는 불만과 불평이 가득하며, 결국 공격적 행동과 잦은 분노를 표출하게 됩니다. 그래서 별일 아닌 것에 공격적으로 행동하거나 크게 화를 내서 상대방을 당황하게 만드는 일들이 종종 생깁니다. 게다가 행동을 통제하거나 자제해야 하는 사회적 상황보다는 내 팀이나 부하 또는 개인적으로 친밀하거나 가까운 상황이라면 더 쉽게 공격적 행동과 분노가 나타날 수 있습니다.

5 | 공감력 부족과 감정 결여

매사에 논리적으로 접근하는 공격적 사람들에게 감정이란 애매

모호하며 분명한 실체가 없고, 논리적으로 납득되거나 설명할 수 없는 것입니다. 그래서 다른 사람의 감정과 정서적 상태에 대해서 잘 공감하지 못하며, 감정마저도 논리적으로 따지고 분석하려 듭니다. 힘들어서 자기 하소연을 하는 친구에게 그 감정을 이해하고 공감하기보다는 '너는 왜 그렇게 생각해? 너의 문제는…' 하며 지적하여 더 큰 상처를 주기도 합니다. 또 직장생활 스트레스를 하소연하는 친구에게 '그럼 그만둬! 직장생활이 쉬운 줄 알았어? 너의 문제점은 첫째, 너의 기본 태도가 잘못됐어. 둘째, 너의 대처 행동이 틀렸고…' 등등 친구의 문제를 냉정하게 확인사살 해주는 경우도 있습니다. 그래서 때로는 '너 사이코패스지?' 또는 '이런 소시오패스 같은 인간!'이라고 욕을 먹기도 합니다. 그러나 이들은 그 또한 도움을 주고자 하는 자신의 의도를 왜곡하는 부당한 평가라고 생각하기 때문에 '그럴 거면 나한테 왜 물어봤어?'라고 하면서 오히려 화를 내기도 합니다.

세상을 바꾸는 선구자 vs 만성적 투덜이

보통 공격적 사람들에 대한 평가는 둘로 나뉘는 경우가 많습니다. 상대편이라면 아주 다루기 어려운 까다로운 사람이지만 우리 편이라면 그만큼 든든한 지원군이 없습니다. 이들의 공격적인 성향이 항상 문제만 일으키는 것도 아닙니다. 공격적 성격의 특징들이 큰 성과를 내거나 성공에 도움을 주는 경우들도 많습니다. 그래서 국회의원이나 기업의 CEO, 임원 등에서 공격적 성향을 보이는 사람들의 비율이 높습니다.

이들은 기존 관습이나 규범에 문제의식을 가집니다. 우리가 습관적으로 해왔던 행동들에 대해서 새로운 관점을 가지고 재해석하여 접근하려 합니다. 그 과정에서 문제점을 찾아내서 개선하고자 하며, 이를 실현하려고 행동하는 경향을 보입니다. 이런 접근이 충분히 합리적이고 논리적 근거에 의해서 이루어진다면 이는 세상을 바꾸고 개선하는 엄청난 순기능을 가집니다. 일의 문제점을 해결하여 더 큰 성공을 이루는 겁니다.

만약 모두가 기존의 사회적 상황이나 관습에 안주했다면 세상은 지금과 많이 다른 모습이었을 지도 모릅니다. 기존의 사회에 대하여 문제의식과 반사회적인 태도를 가지고 새로운 도전과 개선을 공격적으로 실천했던 사람들로 인하여 세상이 변해왔습니다. 반면에 이들의 논리와 합리성이 타인의 인정과 수용을 얻지 못한다면 문제가 생기기도 합니다. 이런 상황에서는 타인에게 사사건건 시비를 걸고 매사에 불평불만이 가득한 만성적 투덜이가 되는 것입니다.

공격적인 사람을 어떻게 대해야 할까

내 주변에 공격적인 사람이 있다면 어떻게 대처해야 할까요? 그 사람들을 어떻게 이해하고 받아들여야 할까요? 최대한 문제가 안 생기면서도 잘 지내는 방법은 무엇일까요? 공격적 사람들은 자신의 입장과 논리에만 초점을 두며, 상대방의 입장과 논리, 감정과 상황에 대한 고려는 하지 않습니다. 아래와 같은 방법을 활용하여 공격적 성격의 사람들을 효과적으로 대할 수 있는 해법을 찾을 수 있습니다. 내 주변 사람이 공격적인 성격이라면 다음의 사항들은 주의하시기 바랍니다.

1 | 일단 수용하고 들어주자

공격적 성격을 가진 사람들은 분명한 장점이 있습니다. 매우 합리적이고 논리적인 기준이 있다는 점입니다. 다만 그것이 자기 중심이어서 그 논리가 위협받는 경우 공격적인 성향이 더 강해집니다. 이에 불을 지피는 것이 바로 '어설프게 반박하기'입니다. 우리는 합리적이라고 생각하나 공격적인 성격인 사람이 보기엔 비합리적인 논리를 가지고 반박을 하면 공격을 당하게 됩니다. 따라서 이런 부정적인 반응과 태도를 자극하지 않는 것이 우선입니다. 함부로 대적하지 말고 일단은 수용하고 들어줘야 합니다.

2 | 인정할 부분은 인정하자

어떤 관계이건 우호적인 관계를 유지하고 긍정적인 상호작용을 만드는 것은 중요합니다. 특히 공격적 성향을 가진 사람처럼 논쟁이 일어나기 쉽거나 대립이나 갈등이 자주 생기는 관계에서는 더욱 그렇습니다. 이럴 때 긍정적이고 우호적인 관계를 유지하는 방법은 바로 인정할 부분은 인정하는 것입니다. 물론 동의하지 못하는 부분들이 있을 것입니다. 그래서 의견이 매우 다르고 서로 대립이 생기기 쉬운 주제보다는 동의할 수 있는 주제와 의견들을 찾아 우선 인정을 해서 수용의 메시지를 먼저 내미는 것이 필수입니다. 이 과정에서 긍정적인 유대감이 생기면 이후 의견을 조정하거나 조화와 타협을 위해 노력할 때 도움이 됩니다.

3 | Give-and-Take로 접근하자

세상의 모든 관계는 기본적으로 Give-and-Take의 원리에 의해 움직입니다. 이는 서로의 논리를 인정하고 수용하는 과정에서도 마찬가지입니다. 먼저 인정할 부분은 인정해 주지만 모든 것을 다 인정하는 것은 적절하지 않습니다. 하나를 인정해 주었다면 대신 나의 입장이나 논리도 하나 인정해 주기를 요구하는 것이 필요합니다. 무조건 일방적으로 자기주장을 하여 모든 것을 인정받으려는 건 불공평하다는 것을 밝혀야 균형 잡힌 상호작용을 요구할 수 있습니다. 특히 인정해 준 대가로 협력이나 조화의 논리를 내세우는 것이 필요합니다. 예를 들어, '오케이! 그 부분은 A님 말이 맞다고 인정해요. 그러니 이 부분은 제 입장을 듣고 반영해 주시기 바랍니다.'라고 말하는 겁니다. 그리고나서도 인정을 하지 않는다면 '음. 제가 A님의 말에 대해서 분명하게 인정할 부분은 인정해 주지 않았나요? 그런데 이렇게 계속 자신만 맞다고 주장하는 것은 부당한 것 같은데요!'라고 말할 준비를 해야 합니다. 표현이 너무 공격적이라고 느껴질 수도 있습니다. 하지만 이 정도로 이야기하지 않으면 그 사람과의 기싸움에서 밀려버립니다. 인정해 준 만큼 맞공격이 필요하다는 걸 잊지 마세요.

4 | 피하는 것도 방법이다

하지만 말이 쉽지, 공격적 성향을 가진 사람과의 맞짱은 생각보다 쉽지 않습니다. 가능하면 서로 부딪치는 일 자체를 최소화하고 피하는 것도 좋은 방법입니다. 회사 생활에서 내가 원하는 대로 내가 좋아하는 사람만 만날 수는 없지만 갈등이나 대립은 최대한 피할 수 있습니다. 쉽게 말해 '내가 먼저 능동적으로 싸움 피하기' 기술을 적용하는 것입니다. 차라리 조금 손해를 보거나 양보를 하는 것이 더 큰 싸움과 갈등을 만드는 것보다 낫기 때문입니다. 예를 들어, 백화점 직원들이 다루기 힘들거나 까다로운 고객에게는 더 친절하게 대함으로써 문제를 일으키지 않도록 하는 것과 마찬가지입니다.

공격적 사람에게 효과적으로 대응하기 위한 핵심 솔루션

✦ 솔루션 1. 상대의 의견을 경청하고 존중하는 행동을 보인다

경청하는 태도와 자세 및 고개를 끄덕이기 등

✦ 솔루션 2. 동의하는 부분에는 적극 반응한다

'A님의 말씀 중에 우리에게 적극적인 추진력이 필요하다는 부분은 정말 맞다고 생각합니다!' 등

✦ 솔루션 3. 다른 관점으로 접근하듯 주장한다

'네! 이해했어요! A님의 의견 동의합니다. 조금 다른 측면에서 의견을 제시하자면, 적극적으로 추진하는 것도 중요하나 신중함과 꼼꼼함도 병행되어야 할 것 같습니다. 좀 더 고민할 시간이 필요한 것 같은데 어떠세요?' 등

✦ 솔루션 4. (논쟁과 대립이 심해지면) 싸우지 말고 피한다

'오케이! 다양한 의견이 나오는 것 같네요! 좋습니다. 오늘은 여기까지 하고 다음에 더 얘기합시다!' 등

내가 공격적인 사람이라면 어떻게 해야 할까

나에게 공격적 성격 경향이 있다면 어떻게 해야 할까요? 다른 사람들과 갈등이나 문제를 최소화하면서 함께 어울릴 수 있는 방법들은 무엇일까요? 내가 공격적 성격인 것 같다면 다음의 사항들을 주의합니다.

1 | 나만의 주장은 누구에게도 수용되지 않는다

합리적 자기주장과 독단적인 자기주장의 차이점은 무엇일까요? 합리적인 자기주장은 다른 사람들을 이해시키고 설득할 수 있으나 독단적인 자기주장은 혼자만의 주장일 뿐 다른 사람들의 인정과 수용을 받지 못한다는 점입니다. 즉 합리적이고 설득력 있는 자기주장을 위해서는 다른 사람들과 자신의 생각을 공유하고 이해시키려는 노력을 해야만 합니다. 다른 사람의 존재를 인정하고 그들이 납득하고 수용할 수 있도록 노력하지 않는다면 그것은 아주 이기적인 자기주장에 불과합니다. 특히 자신의 생각이나 주장의 내용이 나뿐만 아니라 다른 사람에게도 영향을 미치는 것이라면 조화와 타협은 필수적으로 거쳐야 하는 과정입니다. 내 생각을 더 합리적이고 정교하게 하는 데 들이는 노력만큼 다른 사람에게 어떻게 설명하고 납득시킬 것인지에도 비슷한 노력을 기울여야만 합니다.

2 | 입장을 바꿔서 생각한다

공격적 성격의 사람들은 그들의 생각이 맞기는 하지만 그 표현

방식이나 전달 방법이 너무 강하고 자극적입니다. 그리고 자신만이 옳다고 생각하는 자기중심적인 태도와 행동을 보입니다. 그래서 공격적 성격의 사람들은 주변 사람들을 불편하게 하거나 오만하게 비치며 반감을 일으키기 쉽습니다. 이를 해결하기 위해 가장 중요한 것은 역지사지의 관점으로 접근하는 것입니다. 즉 다른 사람들의 상황과 입장, 생각과 감정을 고려하는 표현과 주장을 해야만 합니다. 역지사지로 접근하지 않고 본인의 입장만을 생각해서 접근하고 표현한다면 아예 듣지도 않으려 할 것이며, 대립과 갈등만 심해집니다. 만약 상대방이 계속 자기주장만 하고 당신의 의견은 제대로 듣지 않는다면, 당신의 기분은 어떻겠습니까? 또는 당신의 의견을 계속해서 반박만 한다면 화가 나거나 짜증이 나지 않을까요? 나에게 불쾌한 행동은 상대방에게도 불쾌한 행동임을 알아야 합니다.

3ㅣ공감이 정답이다

공격적 성향을 가진 사람들이 특히 노력해야 하는 점은 공감력입니다. 다른 사람의 감정뿐만 아니라 자신의 감정을 느끼고 인식하는 노력과 연습이 필요하며, 이를 기반으로 감정을 다루고 해결하는 방법을 배워야 합니다. 공감력이 충분히 뒷받침되지 않는다면 아무리 합리적이고 맞는 얘기라고 하더라도 다른 사람에게는 날카로운 칼날과 같습니다. 이를 위해 본인의 감정 상태나 기분에 대해 습관적으로 평가하는 연습이 도움이 되며, 동시에 다른 사람들의 기분을 평가하고 확인하는 연습도 필요합니다. 같은 말이라도 기분이 좋을 때와 좋지 않을 때 뉘

앙스가 다를 수 있습니다. 상대방도 기분에 따라 내가 하는 말을 받아들이는 정도가 다를 것입니다. 또한 어떤 상황에서 어떤 감정들을 느끼는지에 관한 감정의 과학과 논리를 배워서 자신의 논리적 체계에 감정 코드를 추가하는 것이 필요합니다. 감정도 과학이고 논리적 접근이 가능합니다. 내가 이 말을 하면, 상대방은 어떤 기분일지에 대해서 생각해 보는 연습이 필요합니다. 만약 상대방이 불편하거나 불쾌할 수 있는 얘기라면 좀 더 부드러운 톤으로 말하는 연습이 필요합니다.

✦ 솔루션 1. 타인의 의견을 경청하고 존중하는 행동을 보인다

경청하는 태도와 자세 및 고개를 끄덕이는 등 비언어적 행동을 적극적으로 활용하세요. 그리고 동의하는 부분에 대해서는 긍정적으로 자주 표현하세요.

(본인의 생각에 맞다고 생각되거나 동의하는 부분을 찾아서) '네! 좋은 의견이네요!', '그 부분에 대해서는 동의합니다!', '정말 그렇네요! 그 부분은 제가 생각을 못 했는데, 새로운 접근이군요!'

✦ 솔루션 2. 타인의 의견을 이해한 대로 요약하여 말한다

'그러니까 A님 말씀은 그 프로젝트를 적극적으로 추진할 필요가 있다는 거죠?'

'제가 이해하기로는 마케팅 측면의 보완이 필요하다는 말씀이신 거 같은데, 맞나요?'

'보시기에 아이디어는 신선하고 좋으나 실행 계획의 보완이 필요하다는 거죠?'

✦ 솔루션 3. 우선은 긍정적 측면에 대해 피드백한다

아래의 예시와 같이 자신이 이해한 내용에 대하여 상대방에 대한 감사나 긍정적 피드백을 표현하여 긍정적 감정을 가질 수 있도록 도와주세요.

'그러니까 A님 말씀은 그 프로젝트를 적극적으로 추진할 필요가 있다는 거죠?'에 더하여, '아주 중요한 부분을 지적해 주신 것 같습니다. 저희도 막연히 문제가 아닐까 싶었는데, 그렇게 정리해서 말씀 주시니 명확해졌네요!'

'제가 이해하기로는 마케팅 측면의 보완이 필요하다는 말씀이신 거 같은데, 맞나요?'에 더하여, '네 저희가 크게 고려하지 못했던 점이었습니다. 자칫하면 중요한 부분을 놓칠 뻔 했네요. 코멘트 감사합니다!'

'보시기에 아이디어는 신선하고 좋으나 실행 계획의 보완이 필요하다는 거죠?'에 더하여, '말씀해 주신 내용을 듣고 보니 저희가 실행 계획이 많이 미비했네요. 꼭 보완했어야 하는 부분이었는데, 충분히 반영하지 못하고 있었습니다! 중요한 조언 감사합니다!'

2 ✕ 자신만만함을 넘어서는 거만함 : 자기애적 성격(나르시스트)

본인 관점

"우리 회사는 저 없으면 안 돌아가요. 진짜 가만히 보고 있으면 답답해요. 가끔씩은 한심하다는 생각도 든다니까요. 왜 일들을 그렇게 하죠? 그렇다고 해서 제 얘기를 진지하게 듣는 것도 아니에요. 그래도 좋은 마음으로 조언을 해주면 잘 듣기라도 해야 할 거 아니에요? 그러니 그 모양이죠. 하긴 사람들이 저를 잘 모르는 거 같아요. 아니, 정확히 말하면 제 가치를 잘 모르죠! 사실 지금의 두세 배 정도로 성과를 낼 수도 있는데 그냥 적당히 하려고요. 저를 인정해주지도 않는 사람들에게 굳이 제가 나서서 충성할 필요는 없잖아요? 그래도 가끔 저를 제대로 알아보는 사람들이 있기는 있어요. 그런 사람에게는 정말 충성을 다하죠! 언제쯤 세상이 저의 가치를 알아줄까요? 그때까지는 적당히 하는 거죠, 뭐! 그냥 저를 알아봐 줄

만한 사람이 나타나기를 바랄 뿐이에요!"

"제 동료 중에 아주 재수 없는 사람이 있어요! 세상에서 자기가 제일 잘난 줄 안다니까요. 말투나 행동에 다른 사람들을 깔보거나 아래로 보는 게 그냥 느껴져요. 맨날 투덜거리면서 세상이 자기를 못 알아준다나 뭐라나. 지난번에 탁 터놓고 대화를 해보자고 했어요. 기본적으로 유능하고 능력 있는 거 인정하지만 태도나 자세가 문제인 것 같다고. 자신의 단점이나 문제점에 대해서도 좀 인정하고 받아들이면 어떻겠냐고요. 그랬더니, 피식 웃으면서 '네네, 좋은 말씀 감사합니다!'라며 귓등으로도 안 듣더라니까요! 그다음부터는 무시하고 깔보는 듯한 태도가 더 심해졌어요. 뭐랄까, '너나 잘하세요!' 이런 느낌이에요."

나는 또는 그 사람은 자기애적 성격의 사람인가

사례를 읽으면서 어떤 생각이 드셨습니까? '어, 나도 그런 것 같은데? 남들이 나를 나르시스트로 볼까?'라는 생각이 드셨나요? 또는 '아, 맞아. 바로 그 사람 얘기네! 그 사람이 바로 그래!'라는 생각이 드셨나요? 나 자신 또는 다른 사람의 자기애적 행동에 대해서 객관적으로 평가해 보세요.

스스로의 행동 평가해 보기	
각 문항에 대하여 상(3점) - 중(2점) - 하(1점)으로 평가한 후 점수를 합산해 보세요. 합이 12점 이상이면 '(남들이 보기에) 자기애적 성격의 사람으로 보여질 수 있음'입니다.	
1. 나는 꽤 유능하다	상 - 중 - 하
2. 나는 꼭 필요한 사람이다	상 - 중 - 하
3. 사람들은 나의 잠재력을 충분히 알지 못한다	상 - 중 - 하
4. 나는 지금보다 더 좋은 대우를 받아야 한다	상 - 중 - 하
5. 언젠가는 세상이 나를 알아주는 날이 올 것이다	상 - 중 - 하

다른 사람의 행동 평가해 보기	
각 문항에 대하여 상(3점) - 중(2점) - 하(1점)으로 평가한 후 점수를 합산해 보세요. 합이 12점 이상이면 '자기애적 성격의 사람일 가능성이 높음'입니다.	
1. 그 사람은 거만해 보인다	상 - 중 - 하
2. 그 사람은 자신감에 가득 차 있다	상 - 중 - 하
3. 그 사람은 실제보다 자신의 가치를 높게 평가한다	상 - 중 - 하
4. 그 사람은 세상이 자신을 알아주지 않는다고 불평한다	상 - 중 - 하
5. 그 사람은 다른 사람을 깔보는 행동을 보이곤 한다	상 - 중 - 하

대체 저 사람은 왜 저렇게 거만한 걸까

아메이니아스라는 청년이 나르키소스를 사랑하였지만 나르키소스는 그에게 매정하게 대했다. 한번은 나르키소스가 아메이니아스에게 칼을 선물했는데, 아메이니아스는 나르키소스의 집 앞에서 그 칼로 자살하면서 나르키소스가 짝사랑의 고통을 알게 되길 보복의 여신 네메시스에게 빌었다. 뒷날 나르키소스는 연못에 비친 자신의 모습을 사랑하게 됐는데, 입맞춤을 하려다가 그것이 자신의 모습인 것을 알아차렸고 슬픔에 빠져 자살했다.

- 그리스 신화의 나르키소스(Narcissus) 이야기

그리스 신화에는 '나르키소스(Narcissus)'라는 인물이 등장합니다. 나르키소스는 자기애적 성격(Narcissistic Personality)의 어원으로 알려져 있습니다. 스스로를 아끼고 사랑하는 마음인 '자기애'는 사람에게 가장 필요한 핵심적 심리 요소입니다. 자신을 스스로 사랑하고 아끼고 소중히 여겨야만 하며, 마음이 다치는 것을 방어하고 보호해야 하기도 합니다. 그래야만 마음이 건강하고 좋은 상태로 유지될 수 있습니다. 이를 보통 자기존중감이라고도 합니다. 이는 단지 자신을 사랑하고 아끼는 수준을 넘어서 가치 있고 소중한 존재로 생각하는 것을 말합니다.

건강한 자기애와 자기존중감은 자신을 지켜주고 힘든 상황에서도 버틸 수 있는 힘으로 작용합니다. 건강한 자기존중감을 가진 사람은 어려운 상황이 닥치더라도 쉽게 흔들리지 않습니다. 어려움이나 장애에 부딪치더라도 '나는 할 수 있다!'는 긍정적인 예상을 하고 본인의 예상이 현실로 이루어지도록 열심히 노력합니다. 혹시 실패를 하더라도 오뚝이처럼 좌절을 극복하고 다시 일어서는 힘을 가지고 있습니다.

반면, 자기존중감이 낮으면 문제가 생깁니다. 무슨 일을 하더라도 자신감이나 적극성이 부족합니다. 열심히 하면서도 성공에 대한

확신이나 기대가 부족하기 때문에 스트레스를 받고 불안해하고 긴장합니다. 성공을 하더라도 스스로의 유능함이나 노력 때문이라고 생각하고 만족하기보다는 '운이 좋아서' 또는 '사람들이 도와주었기 때문에'라고 해석하여 스스로를 낮추어 생각하기도 합니다. 따라서 성공으로 인한 성취감이나 만족감도 적습니다. 반대로 자기존중감이 지나치게 높아도 문제가 생기는데 이것이 바로 자기애적 성격의 사람들이 보이는 전형적인 특징입니다.

1 | 근거가 없거나, 과대평가하거나

지나치게 자기존중감이 높은 경우는 두 가지입니다. 첫 번째는 충분한 근거나 성과 없이 빈껍데기 같은 자기존중감을 가지는 경우입니다. 예를 들어 공부는 하나도 안 하고 성적도 좋지 않음에도 불구하고 본인은 공부를 잘한다고 생각하는 것입니다. 충분한 근거나 성과 없이 스스로에게 지나치게 긍정적이면 문제가 됩니다. 왜냐하면 자기존중감을 지켜줄 수 있는 실제 성과나 근거가 없기 때문입니다. 그래서 자기존중감 자체가 불안정할 수밖에 없으며, 어려운 과제나 상황이 닥치거나 스트레스가 심해지면 쉽게 무너집니다. 이렇게 불안정한 자기존중감을 유지하고 보호하기 위해서 거만하고 과한 행동을 보이는 것입니다. 겉으로는 자신감이 있어 보이나 실제로는 자신감과 자기존중감이 불안정하며, 속으로는 열등감으로 가득 차 있을 가능성이 높습니다.

두 번째는 객관적이고 현실적인 본인 수준에 비해 지나치게 높은 수준의 자기존중감을 가지고 있는 경우입니다. 예를 들어 반에서 10등 정도의 성적이지만 스스로는 전교 10등 수준의 자부심을 가지는 것입니다. 이렇게 자신의 실제 수준 이상으로 과한 자기존중감도 문제입니다. 물론 성과 자체는 있지만 객관적인 평가가 자신의 기대에 미치지 못합니다. 따라서 자신의 기대만큼 자신을 인정해 주지 않는 다른 사람들과 갈등이 생기거나 상황에 불만이 생기기 마련입니다. 그래서 자신을 알아주지 않는 사람들에 대한 반감으로 적대적인 태도를 보입니다. 하지만 사람들이 인정해 준다고 해서 진지하고 긍정적인 관계를 맺을 수 있는 것은 아닙니다. 이들에게 다른 사람의 인정 자체가 중요하거나 의미가 있는 것은 아니고 단지 자신의 높은 자기존중감을 확인해 주는 수단일 뿐이기 때문입니다.

2 | 관계가 깊어질수록 드러나는 한계

그런데 자기애적 성격을 가진 사람들은 실제로도 잘나거나 유능한 점들이 꽤 있습니다. 성공하고 유능한 사람들의 경우 자연스럽게 자기애적 성향을 보이기도 합니다. 자신의 일에 대한 애착과 몰입도 강하며, 외모를 잘 꾸미려고 노력하는 등 자기 관리에도 많은 투자와 노력을 기울입니다. 그리고 이들의 긍정적인 자아상과 자신감은 관계 초반에 좋은 인상을 주는 원천이기도 합니다. 여기까지는 아무런 문제가 없습니다.

다만 누군가와 깊이 있는 관계가 되면서 문제가 생깁니다. 실제 객관적 수준이나 성과보다 잘난 척을 하는 것은 주변 사람들을 불쾌하게 만듭니다. 게다가 깊은 관계에 있는 사람이 좋은 마음으로 조언을 해주어도 받아들이지 않거나 오히려 적대적인 태도를 보인다면 더욱 불편하고 어색한 관계가 될 수밖에 없습니다.

그래서 자기애적 성격의 사람들은 관계 초반에는 긍정적인 인상을 주는데 반하여 관계가 깊어질수록 실망을 주는 경우들이 많습니다. 알고 보면 '소리만 요란한 빈 수레' 같다는 생각이 들게 됩니다. 게다가 자기중심적인 성향이 두드러지며, 다른 사람에 대한 진지한 관심이 부족하다는 것까지도 알게 됩니다. 그래서 결국 이들이 가지는 장점들마저도 부정적인 인식에 묻혀버리는 안타까운 일이 일어납니다.

3 | 부모의 잘못된 양육으로부터

그렇다면 이들은 대체 왜 자기애적 성격이 되는 것일까요? 보통 부모들이 무조건적으로 자녀에게 긍정적인 경우 자기애적 성격이 되기 쉽습니다. 자녀가 열심히 노력하여 좋은 결과나 긍정적 성취를 보였을 때 칭찬하는 것은 좋습니다. 자녀는 부모의 칭찬을 통해 자신의 노력과 행동에 가치와 의미를 부여하고, 진지한 노력과 실행을 반복하게 됩니다. 하지만 노력도 안 했는데 무조건 '잘했어! 너는 훌륭해!'라고 말해주면 아이들은 충분한 노력도 기울이지 않은 채 인정을 받는 것에 익숙해집니다. 즉, 어떤 행동이 좋은 행동이고 어떤 행동이 나쁜 행동인지에 대하여 구별하는 방법을 배우지 못한 채 어떤 행동을 하든지 긍정적 평가를 기대하는 잘못된 습관을 가지게 됩니다.

이렇게 나쁜 습관을 가지게 되면 나중에는 더 큰 문제가 됩니다. 부모는 어떤 행동을 하든 인정해 줄 수 있으나 부모가 아닌 사람들이나 세상은 그렇지 않기 때문입니다. 세상은 경쟁적이며, 대단히 길고 어려운 노력을 통해 힘들게 성취한 현실적인 성과가 있어야만 칭찬이나 인정을 해줍니다. 하지만 자기애적 성격의 사람들은 인정을 받지 못하면 근본적인 문제의 원인이 자신에게 있다고는 생각하지 못합니다. 대신 자신을 인정해 주지 않는 타인들을 비난하거나 적대시하게 됩니다. 즉, 본인 스스로가 타인들을 다 왕따 시켜버립니다.

반대로 생각해 보면, 부모로서 자식이 자기애적 성격이 되지 않도록 하는 방법은 간단합니다. 노력하고 열심히 한 것에 대해서는 아낌없이 칭찬과 인정을 해주면 됩니다. 대신에 잘못이나 문제에 대해서는 명확하게 지적하고 개선하도록 양육하는 것입니다. 이렇게 양육한다면 자녀들은 '해야 할 것'과 '하지 말아야 할 것'을 정확하게 인식하고 구별할 수 있게 되며, 진지하고 단단한 자기존중감을 만드는 행동에 집중하게 됩니다. 자식을 사랑하지 않는 부모는 없지만 자식을 건강하게 사랑해 주고, 바르게 양육하는 것이 생각보다는 쉽지 않습니다. 부모도 연습이 필요하고 성숙해야 하는 이유입니다.

근거 있는 자신감 vs 근거 없는 자신감

'근자감'이라는 말이 있습니다. 일반적으로는 '근거 없는 자신감'을 말하지만 반대로 '근거 있는 자신감'이 될 수도 있습니다. 충분한 근거가 있는지 없는지가 진정한 자신감인지, 아니면 금방 무너질 수 있는 불안정한 자신감인지를 결정하는 가장 중요하고 핵심적인 요소입니다.

진정한 자기존중감을 가지기 위해서는 '스스로를 존중하고 굳건한 자기 확신을 가질 정도의 근거 행동에 바탕을 둔 자신감'을 갖추어야 합니다. 크건 작건 간에 누가 봐도 인정할 만한 근거 행동들이 쌓이면 안정적이고 튼튼한 자신감을 형성하는 바탕이 됩니다. 반면에 근거도 없이 다른 사람이 해주는 무조건적인 인정과 칭찬이나 스스로에 대한 비현실적인 환상에 바탕을 둔 불안정한 자기존중감은 객관적인 현실에 직면하면 쉽게 무너집니다. 또는 자신의 내적 환상과 불안정한 믿음을 깨려고 하는 다른 사람의 시도에 대해 공격적이고 편집적인 반응을 보이게 됩니다.

근거 있는 자신감을 가질 것입니까? 아니면 근거 없는 취약한 자신감을 가질 것입니까? 근거 없는 자신감은 순간의 만족을 가져올 수는 있으나 허무하고 헛된 꿈일 뿐입니다. 오랜 기간 동안 벽돌로 집을 쌓듯이 업적과 성취로 천천히 쌓아 올린 자신감은 쉽게 무너지지 않고 안정적입니다.

자기애적 성격의 사람들을 어떻게 대해야 할까

내 주변에 자기애적 사람이 있다면 어떻게 대처해야 할까요? 그 사람들을 어떻게 이해하고 받아들여야 할까요? 최대한 문제가 안 생기면서도 잘 지내는 방법은 무엇일까요? 내 주변 사람이 자기애적 성격이라면 다음의 사항들을 주의하시기 바랍니다.

1 | 장점에 우선 동의한다

자기애적 성격의 사람들과 문제가 생기는 이유는 '그들의 과도한 자기존중감'을 고쳐주려는 마음 때문입니다. 보통 과도한 자기존중감은 거만하고 남을 은근히 깔보는 느낌을 주기 때문에 마음이 불편하고 기분이 좋지 않습니다. 하지만 불편한 마음에 섣부르게 지적을 하거나 조언을 한다면 관계는 더욱 나빠질 수밖에 없으며 갈등이나 대립은 더욱 심해집니다. 그래도 인정해 줄 수 있는 그 사람의 장점을 먼저 생각하고, 그에 대해서는 적극적으로 인정하고 동의해 주는 것이 우선입니다.

2 | 갈등과 논쟁을 피한다

자기애적 성격의 사람들과는 문제나 갈등을 일으키지 않는 것이 중요합니다. 일단 대립이나 강한 갈등이 생기면 이미 서로 부정적인 관계가 됩니다. 부정적 관계가 되면 조언이나 피드백을 더욱 강하게 거부해서 나만 더 불편할 뿐입니다. 따라서 갈등을 피하는 것이 필요하며, 불필요한 논쟁이나 대립을 하지 않는 것이 중요합니다. 이처럼 불필요한 갈등이나 논쟁을 피하기 위해서는 '불편함을 회피하기', '불편함을 최소화하기', '논쟁하지 않기' 등의 세부 기법을 쓸 수 있습니다.

3 | 상대가 간절히 원할 때만 피드백한다

그렇지만 피한다고 해서 내 불편함이 없어지는 것은 아닙니다. 그래도 겉으로 표현해서 문제가 심각해지는 것보다는 그냥 참거나 무시하는 것이 훨씬 더 낫습니다. 그럼, 이 불편하고 불안정한 관계를 지속해야만 할까요? 명백한 갈등보다는 모호하게 불편한 것이 낫지만, 때로는 상대가 자신에 대해서 피드백을 요구하거나 업무 평가처럼 공식적으로 피드백을 해야 하는 상황이 생길 수 있습니다. 그럴 때만 피드백을 하는 것이 좋습니다. 자기애적 성격인 사람들은 겉으로는 아주 쿨하게 남들의 피드백을 잘 받아들이는 것처럼 보이며 피드백을 계속 요구합니다. 그렇기 때문에 이 요구에 낚이면 일이 커질 수 있습니다. 정말 간절히 원하는 경우에만 피드백을 해주는 것이 필요합니다. 그리고 그 피드백의 경우에도 솔루션 1, 2를 기반으로 장점을 먼저 언급하며 불편함을 회피하거나 최소화하고 논쟁을 피하도록 노력하는 것이 좋습니다.

✦ 솔루션 1. 인정할 수 있는 장점 찾기

그래도 인정해 줄 수 있는 그 사람의 장점은 무엇입니까? 최소 3가지 이상, 별로 하고 싶지 않아도 관계 개선이나 화합을 위해서 최대한 중립적인 마음가짐으로 작성합니다.

1. 자신의 일에 대한 애착이 강하다.

2.

3.

4.

5.

✦ 솔루션 2. 갈등과 논쟁 피하기

세부 기법 1. 불편함 회피하기

그 사람에게 일부러 무관심해하고 낚이지 않도록 조심하세요.

(불편함이 올라오는 경우) 재미있거나 자극적인 유튜브 동영상이나 사진에 집중하기, 좋아하는 음악 듣기, 산책하며 만나는 사람 숫자를 세는 데 집중하기 등

세부 기법 2. 불편함 최소화하기

그 사람을 피할 수 없는 상황이라면 최소한의 관계나 교류만 하세요.

(그 사람이 저녁을 제안한다면) '아, 제가 오늘 약속이 있어서요. 죄송해요. 다음 기회에 하시죠!', '제가 요즘 1일 1식을 시작해서요.' 또는 '제가 몸 관리를 시작해서 6시 이후에는 식사를 안 합니다!' 등

세부 기법 3. 논쟁 피하기

직접적인 대립이나 서로 감정적으로 불편해지는 상황을 피하세요.

속으로는 '휴, 또 저런다. 왜 자꾸 저런 말도 안 되는 소리를 하지?'라고 생각하더라도 겉으로는 '아, 그렇구나. 너의 생각은 그렇다는 거지? 그래, 그럴 수 있지!'라고만 하고 더 이상 말하지 않기

+ 솔루션 3. 간절히 원할 때만 피드백하기

갈등과 논쟁을 피하고 자기애적 성격인 사람이 정말 진지하게 요구할 때만 조심스럽게 피드백을 하는 것입니다. 정말 간절히 원하는지 정확한 판단이 필요합니다.

간절히 원할 때를 판단하는 기준 3가지

1) 심리적으로 힘들어하는 경우

2) 원인이 무엇인지에 대한 고민이 있는 경우

3) 꼭 변해야겠다는 의지와 동기를 가지고 피드백을 요청하는 경우

간절하지 않은 경우의 예시

'사람은 남들의 평가나 피드백을 잘 받아들여야지! 그래야 성숙한 사람이지! 나에 대해서 말해봐~' 또는 '그렇지, 내가 그런 면이 있지! 그런데…'

간절히 원하는 경우의 예시

'나 정말 너무 힘들어. 대체 왜 이런 일이 생겼는지 모르겠어. 정말 내 인생을 다시 돌아보게 된다니까. 내가 정말 그렇게 문제가 있었던 건가 싶어.' 또는 '정말 진지하게 이번에는 내가 꼭 변해야만 할 거 같아. 농담 아니고 나 정말 진지해.' 등

내가 자기애적 성격이라면 어떻게 해야 할까

나에게 자기애적 성격 경향이 있다면 어떻게 해야 할까요? 다른 사람들과 갈등이나 문제를 최소화하면서 함께 어울릴 수 있는 방법들은 무엇일까요? 내가 자기애적 성격인 것 같다면 다음의 사항들을 실천해 봅니다. 자기애적 성격뿐 아니라 모든 사람들에게 도움이 되며, 필요한 과정일 수 있습니다. 단, 쉽게 이루어질 것이라 생각하지 말고, 긴 여행을 한다는 마음으로 멀리 보고 장기적으로 이루겠다는 생각으로 하는 게 좋습니다.

1 | 스스로를 직면하기

자기애적 성격은 자신에 대한 평가가 다른 사람들의 평가에 비해 높은 데에서 문제가 생깁니다. 이 차이 때문에 자신이 원하고 기대하는 만큼 다른 사람들의 평가나 인정을 받지 못하며, 다른 사람들로부터 자아도취에 빠진 거만한 사람으로 평가받습니다. 자기애적 성격뿐 아니라 어떤 사람이라도 객관적인 자기 인식을 하는 것은 중요합니다. 책에서 제시하는 솔루션을 통하여 스스로에 대한 자기 인식 수준과 다른 사람들의 평가 수준을 비교해 볼 수 있습니다. 단, 이 과정을 진행하면 다소 서운하고 감정적으로 상처를 받을 수 있습니다. 하지만 이는 나의 발전을 위한 대가라 생각해야 합니다.

2 | 목표 정하기

모든 사람은 점점 성장하고 발전하는 것이 필요합니다. 그래야

삶이 더 편안해지고 행복해질 수 있습니다. 생각보다 험난하고 오래 걸릴지라도 객관적인 자기 인식을 통해 진짜로 성장하는 것을 목표로 해야 합니다. 건강한 자기존중감을 가지기 위해서는 객관적으로도 좋은 평가를 받을 수 있는 성과를 만들어야 합니다. 하지만 성과를 만들지 못하는 첫 번째 이유는 목표가 분명하지 못해서입니다. 그래서 구체적인 목표를 설정하는 것이 중요합니다. 단, 너무 많은 목표를 세우는 것은 모든 목표를 대충 달성하겠다는 말과 같습니다. 또한 목표가 모호하고 애매하기보다는 구체적이고 분명한 것이 필요합니다. 솔루션 1에서 자신의 평가와 타인의 평가가 차이나는 장점을 목표로 선정하는 것도 좋습니다. 우선 집중할 세 가지 목표를 설정하고, 이를 통해서 가지고 싶은 자신의 이상적인 모습을 구체적으로 상상하는 것이 필요합니다. 솔루션 2를 활용한다면 우선 집중할 목표 세 가지를 정리하는 데 도움이 될 것입니다.

3 | 성과 쌓아가기

목표를 세웠다면 이제부터는 이를 달성하기 위한 노력과 실행을 하는 것입니다. 노력과 실행을 통해서 성과와 긍정적 결과를 하나씩 쌓아간다면 어느 순간에는 자신이 원하는 모습을 이룰 것이며, 아주 튼튼하고 흔들림 없는 자기존중감의 근거를 가질 수 있습니다. 자신이 세운 목표와 관련해서 과정상 필요한 단계적 과제들을 선정해 보고, 이를 달성하기 위한 구체적인 실행 계획을 세워보세요.

✦ 솔루션 1. 스스로를 직면하기

나의 장점	내용	근거/사례	나의 확신도	타인 동의도
장점 1. 실행력	주어진 일에서 적극적으로 추진력을 가지고 성과를 만들어냄	상반기 워크샵 성공적 완수	상 - ⑨ - 하	상 - 중 - ⑨
장점 2.			상 - 중 - 하	상 - 중 - 하
장점 3.			상 - 중 - 하	상 - 중 - 하
장점 4.			상 - 중 - 하	상 - 중 - 하
장점 5.			상 - 중 - 하	상 - 중 - 하

〈작성 참고〉

1. 나의 장점 : 자신이 생각하는 자신의 장점을 5가지 생각해 보세요.
2. 내용 : 자신이 생각하는 장점의 내용을 자세하게 써보세요.
3. 근거/사례 : 자신의 장점을 뒷받침할 만한 근거 또는 사례를 들어보세요.
4. 나의 확신도 : 자신의 장점과 그 내용 및 근거를 기록하면서 스스로 확신하는 정도를 평가해 보세요.
5. 타인 동의도 : 자신의 장점에 대해서 타인들도 동의하고 인정하는지를 확인하세요.(대략적인 추측 금지)

+ 솔루션 2. 목표 정하기

나의 목표	이유	구체적 상상	목표 수준	현재 수준
목표 1. 더 깊은 인간관계 만들기	마음을 터놓고 지낼 친구나 동료 사귀기	한 달에 두 번 정도 부담없는 사람들과 만나 힐링과 위로가 되는 즐거운 모임을 가짐	⑤-중-하	상-중-⑥
목표 2.			상-중-하	상-중-하
목표 3.			상-중-하	상-중-하

〈작성 참고〉

1. 나의 목표 : 3가지 정도의 목표를 정합니다. 특히 다른 사람들과 나의 생각이 다른 점들을 목표로 선정하면 좋습니다.
2. 이유 : 해당 목표의 세부적인 내용과 목표를 선정한 이유를 써보세요.
3. 구체적 상상 : 그 목표를 달성했을 때 자신이 어떤 모습일지 상상해 보세요.
4. 목표 수준 & 현재 수준 : '상 – 중 – 하'로 목표 수준과 현재 수준을 평가합니다. 그 차이만큼의 변화와 노력이 필요합니다.

+ 솔루션 3. 성과 쌓아가기

나의 목표	실행 계획	언제까지	달성 확인 방법
목표 1. 최상급 전문가로 인정받기	업무 관련 교육 받기 (교육명 1, 교육명 2…)	착수: 1주일 이내 완료: 8월까지	교육 수료증
	전문성 향상에 도움되는 업무 맡기(단, 상사와 협의 필요)	2주일 이내	팀장님 논의
목표 2.			
목표 3.			

〈작성 참고〉

1. 나의 목표: 내가 원하는 여러 가지 목표를 정합니다.
2. 실행 계획: 목표를 달성하기 위해 필요한 중간과정을 실행 계획으로 선정합니다. 구체적이고 자세할수록 좋습니다.
3. 언제까지: 실행 계획의 착수, 진행, 완료와 관련된 기간도 계획합니다.
4. 달성 확인 방법: 목표를 달성했는지 확인하고 검증할 수 있는 방법도 계획합니다.
    예) 국가공인 자격 획득 등

3 ✕ 내겐 너무 완벽한 그 인간 :
완벽주의적 & 강박적 성격

본인 관점

"제가 가장 참기 힘든 건 대충 일하는 거예요! 자료를 만들었으면 오타를 확인하는 것은 기본 중의 기본 아닌가요? 내용도 마찬가지예요! 인터넷에 검색하면 금방 나오는 정보를 가지고 조사를 했다고 가져오는 것을 보면 정말 한심해요. 그런 식으로 일하면서 월급을 받아가면 양심의 가책이 안 느껴지나요? 문제는 자기들의 문제점을 깨닫지도 못하고 인정하지도 않는다는 거예요. 저는 제가 봐도 부족한 점이 많거든요. 그래서 실수를 할 때면 많이 자책하고 반성하게 됩니다. 다시는 같은 실수를 반복하지 않으려고 노력하는데요. 이게 기본 아닌가요? 저만큼 하는 건 기대도 안 해요. 그런데 잘못을 해 놓고도 정말 진지하게 자기가 뭘 잘못했는지 반성은 못 할망정 저보고 까다롭다고 하는 사람들을 보면 정말 화가 나요!"

"제 상사에 대해서 말하자면… 일 잘하시고 유능하시고 회사에서 인정받으셨고 완벽하시죠. 네… 정말 완벽하세요! 일은 정말 완벽하세요. 그런데 그냥 일하는 기계 같아요. 오류 0%를 위해서 달리는 기계 같아요. 가끔은 소시오패스가 저런 사람을 말하는구나 하는 생각이 들어요. 인간미 없는 것 정도는 그나마 받아들일 수 있어요. 제 실수나 오류를 지적하는 것도 더 잘하라고 하는 거라 생각하면 그나마 받아들일 수 있어요. 정서적 배려나 관심 이런 건 아예 기대도 안 해요. 그런데 인간적인 모멸감을 주는 것은 참기 힘들어요. 저도 나름대로 열심히 하고 유능하다고 인정받고 있거든요. 그런데 자기처럼 안 하면 다 루저 취급하는데 정말 못 참겠어요! 사람을 사람으로는 대해줘야 하잖아요? 제가 그냥 일할 때 쓰다 버려도 되는 펜 같은 도구는 아니잖아요. 이렇게 같이 일하다가 버림 당할 수 있겠다는 생각을 항상 하게 돼요."

나는 또는 그 사람은 완벽주의적 & 강박적인 사람인가

사례를 읽으면서 어떤 생각이 드셨습니까? '어, 나도 그런 것 같은데? 남들이 나를 강박적인 사람으로 볼까?'라는 생각이 드셨나요? 또는 '아, 맞아. 바로 그 사람 얘기네! 그 사람이 바로 그래!'라는 생각이 드셨나요? 나 자신 또는 다른 사람의 강박적 행동에 대해서 객관적으로 평가해 보세요.

스스로의 행동 평가해 보기	
각 문항에 대하여 상(3점) - 중(2점) - 하(1점)으로 평가한 후 점수를 합산해 보세요. 합이 12점 이상이면 '(남들이 보기에) 강박적 성격의 사람으로 보여질 수 있음'입니다.	
1. 나는 무엇을 하든지 완벽하게 해야 한다고 생각한다	상 - 중 - 하
2. 나는 최대한 실수나 잘못을 하지 않으려고 한다	상 - 중 - 하
3. 완벽하게 결과를 내놓지 않는 것은 잘못이다	상 - 중 - 하
4. 실수나 잘못은 큰 문제라고 생각한다	상 - 중 - 하
5. 대충 일 처리하는 사람을 보면 화가 나고 짜증이 난다	상 - 중 - 하

다른 사람의 행동 평가해 보기	
각 문항에 대하여 상(3점) - 중(2점) - 하(1점)으로 평가한 후 점수를 합산해 보세요. 합이 12점 이상이면 '강박적 성격의 사람일 가능성이 높음'입니다.	
1. 그 사람은 완벽한 일처리를 중시한다	상 - 중 - 하
2. 그 사람은 정리 정돈을 아주 중요하게 생각한다	상 - 중 - 하
3. 그 사람은 사소한 실수에 대해서도 화를 내곤 한다	상 - 중 - 하
4. 그 사람은 융통성이 없다	상 - 중 - 하
5. 그 사람은 타인에 대한 기준 자체가 높은 편이다	상 - 중 - 하

대체 저 사람은 왜 저렇게 깐깐한 걸까

강박적 성격은 현대 사회에서 가장 성공하는 성격 유형 중 하나입니다. 워낙 일 중심적인 태도가 분명하며, 워커홀릭이라고 불릴 정도로 일에 대한 집착이나 열정을 가지고 있기도 합니다. 일 처리 자체도 철저하고 완벽한 편이기 때문에 사회적인 성공을 이루는 경우도 많습니다. 대기업 임원 정도의 성공을 이루려면 어느 정도는 완벽주의적이어야 하며, 철저한 일 처리는 탁월한 업무 성과를 만들어 낼 수 있습니다. 그런데 그 안에 사람에 대한 고려와 배려는 없기 때문에 많은 문제가 생깁니다.

1 | 가까울수록 보이는 완벽함의 양면성

완벽주의 & 강박적 성격의 사람들을 보면 외적으로는 그들의 성공이나 완벽함이 보입니다. 하지만 관계가 가까워질수록 다른 모습으로 다가오는 경우들이 많습니다. 다음의 사례로 이에 대한 이해가 가능합니다.

> (대기업 임원 A와의 상담)
>
> 대기업 임원인 A는 철저하고 완벽한 일 처리로 정평이 나있었습니다. 자신이 맡은 일에 대하여 철저한 준비와 완벽에 가까운 실행으로 최고의 성과를 만들어 냈죠. 일단 A에게 일을 맡기면 주어진 기한 내에 완료하는 것은 기본이며, 굳이 재검토할 필요가 없을 정도로 깔끔하고 완벽했습니다. 발표 때 어떠한 질문이 나와도 거침없는 답변을 할 정도로 철저하게 대비하는 것은 기본이었습니다. 완벽한 고품질의 성과를 기반으로 사내에서 승승장구하였으며, 최연소 임원이라는 타이틀도 얻었습니다. 이런 화려한 경력으로 모든 직원들의 존경을 받았으며, 기회가 된다면 한번 같이 일하고 싶은 상사로 꼽히기도 했습니다.
>
> 그는 최근 사내에서 유능하다고 평가받는 B를 팀장으로 스카우트

했습니다. 그런데 생각과는 달리 B는 자신의 기준에 못 미쳤고 자꾸 지적을 하게 되었습니다. B가 마음에 들지 않았던 그는 결국 B의 팀원들 업무까지도 직접 관리하고 피드백해야 하는 일이 생겨 오히려 스트레스가 늘었습니다. 그럼에도 불구하고 B는 자신의 문제나 미흡함을 인식하고 반성하기는커녕 자신을 무시하지 말라고 반기를 들었습니다. 결국 A는 더 이상 화를 참지 못하고 폭발하고야 말았습니다.

하지만 이것은 A의 입장일 뿐 그 못지않게 유능하다고 인정받던 B의 입장은 매우 달랐습니다. B는 사내에서 촉망받는 핵심인재였습니다. 업무적인 면이나 인간관계에서도 두루 좋은 평가를 받고 있었죠. 업무에 대한 열정이나 회사에 대한 자부심도 높은 편으로, 비교적 만족스럽고 보람 있는 직장생활을 하고 있었습니다. 그는 평상시 존경하고 롤 모델로 삼고 있었던 A의 스카우트 제안을 받았을 때 자신이 인정받았다는 생각에 매우 기뻤을 정도였습니다.

그런데 A의 곁에서 업무를 수행하며 많은 것을 배울 수 있을 것이라는 예상과는 달리 엄청난 스트레스가 시작되었습니다. 워낙 본인 스스로의 업무 처리가 완벽했던 A는 나름대로 일 좀 한다고 인정받아 왔던 B의 업무에 대해 사사건건 지적을 했으며, 신입사원에게나 할만한 아주 기초적인 내용을 지시해서 자존심이 상하기도 했습니다. 게다가 자기 팀의 팀원들 업무나 보고자료도 자신을 거치지 않고 A가 직접 검토하고 피드백하기 일쑤였습니다. 결국 자기 팀원의 업무에 대해서는 직접 관여하지 말고 팀장인 자신을 거쳐서 지시해

달라고 A에게 정중히 부탁을 했습니다. 그러자 A는 오히려 '팀장이 제대로 역할을 했으면 내가 이렇게 안 해도 되지 않겠어요? 본인 스스로의 문제를 생각해 보세요! 당신의 문제는 첫째,… 둘째,… 셋째,…'라고 지적을 하였습니다. 그 순간, B는 더 이상은 못 참겠다고 생각하며 사표를 쓰기로 마음먹었습니다.

이처럼 완벽주의 & 강박적 성격의 사람들은 본인의 입장과 상대방의 입장이 다른 경우가 많습니다. 멀리서 보던 완벽한 모습과는 달리 가까워질수록 서로가 서로를 이해하지 못하며 계속 갈등이 생기고 스트레스를 받는 것입니다.

2 | 강박 사고와 강박 행동

강박증은 행동의 특징이 독특해서 영화와 드라마의 소재로 자주 등장합니다. '이보다 더 좋을 수는 없다(As Good As It Gets, 1997)'의 주인공인 맬빈 유달(잭 니콜슨)은 늘 같은 식당에 가고 같은 자리에서 같은 음식을 먹어야 하며, 전용 식사 도구도 가지고 다닙니다. 길거리를 다닐 때는 다른 사람과 부딪치지 않으려고 하며 보도블록의 선을 밟지 않으려고 애쓰는 모습을 보이기도 합니다. 깐깐하고 괴팍한 성격 때문에 많은 사람들의 미움을 받으나 나중에는 자기 내면의 인간미를 발견하여 우정과 로맨스를 만들어 갑니다.

'몽크(Monk, 2002)'는 폭력적이거나 잔인하지 않은 경찰 소재물로 인기리에 방영되었던 고전적인 대표 미드입니다. 주인공인 전직

경찰 몽크는 청결 강박이라 불리는 전형적인 행동들을 보입니다. 자기 집을 청소하고 정리하는 데 온 신경을 집중하며, 한 치의 오차도 없이 정리된 그의 옷장과 스타일은 놀라울 정도입니다. 그런데 자신이 통제하고 관리할 수 있는 집과는 달리 많은 사람들이 다니고 함께 활동하는 집 밖은 그에게 공포와 긴장의 도가니입니다. 문손잡이 하나도 편히 잡지 못하고 손수건으로 감싸는 행동을 보입니다. 이런 행동의 특징들과 더불어 아주 사소한 변화나 단서마저도 놓치지 않는 그의 완벽에 가까운 세밀한 관찰력과 정교한 추리력을 기반으로 사건을 해결합니다.

이 두 편에는 강박증에서 보이는 다양한 행동들이 코믹하게 그려집니다. 강박적인 사람들이 보이는 특징은 강박 행동과 강박 사고로 나누어집니다. 강박 행동은 과도한 손 씻기나 청소하기 등 과하게 청결하려고 하거나 가스 불은 껐는지 문은 잠겼는지 너무 걱정되어 반복해서 확인하는 행동입니다. 또 자신의 물건은 물론 다른 사람의 물건들도 정확하고 똑바르게 제자리에 두려고 하며, 때로는 물건을 버리지 못하고 모아두기도 합니다. 그리고 강박 사고는 더러워질 것에 대해 지나치게 걱정하고 불안해하거나 업무에 잘못된 점이 있을 것이라고 심하게 의심하는 생각입니다.

3 | 완벽함이 가져오는 스트레스

강박 행동과 강박 사고를 보이는 사람은 우리 주변에서 흔히 볼 수 있습니다. 특히 정교함과 정확성이 필수인 금융권이나 IT, 전자계

통의 회사들에는 널려있다고 해도 될 정도로 자주 볼 수 있습니다. 그리고 큰 회사의 임원이 되려면 어느 정도는 강박적 성향이 필수이기도 합니다. 그만큼 이들의 추구하는 완벽함은 고품질의 성과를 내거나 문제를 예방하는 데 분명히 도움이 됩니다. 그리고 그 결과는 사회적으로나 성과 측면에서 바람직하고 긍정적인 경우가 많습니다.

그렇다면 무엇이 문제일까요? 앞에서의 예들처럼 외적으로 드러나는 결과는 좋을 수 있습니다. 하지만 그 과정에서 스스로와 주변 사람에게 심리적인 고통을 심하게 준다면 문제가 됩니다. 예를 들어 물건들이 어질러져 있다면 치우거나 정리를 하면 됩니다. 그런데 정리되지 않은 상태에 심한 스트레스를 받거나 다른 사람들에게 자신이 원하는 완벽한 수준의 청결이나 정리를 강요하여 스트레스를 주기도 합니다. 또한 강박적 성격의 상사들은 한 글자의 오탈자도 인정하지 못하는 것은 물론 줄 간격이나 글자 크기 등으로 팀원을 괴롭히기도 합니다. 게다가 아이들도 아닌데, 팀원들의 책상 정리나 행동 가짐에 대해서 간섭하는 것 또한 일상입니다. 그런데 더 큰 문제는 이런 생활 자체가 본인 스스로를 제일 힘들고 지치게 한다는 점입니다.

강박적 성격을 가진 사람들은 만성적인 불안과 긴장에 시달립니다. 따라서 심리적인 여유나 만족을 느끼지 못하고 항상 초조함과 걱정 속에서 생활하는 경우가 많습니다. 이것만 해도 마음이 지치고 피곤한데 자신의 기준과 원칙에 맞지 않는 사람들과의 관계에서는 더 큰 스트레스와 갈등을 겪습니다.

4 | 100% 아니면 0%

직장상사가 완벽주의이거나 강박적 성격이면 그 팀원들은 극심한 스트레스를 겪을 수밖에 없습니다. 이런 성격인 사람들이 가지는 기대나 요구 수준을 맞추기는 현실적으로 어렵기 때문입니다. 게다가 그들은 결과뿐만 아니라 과정에서의 완벽함도 필수로 요구합니다. 보통 업무 과정에서의 예외나 편법을 인정하지 않으며, 자신이 구상하고 계획한 대로 철저하게 이루어지기를 바랍니다. 보고서나 자료들의 글자 크기까지 정해주기도 하며 한 번 훑어보는 것만으로도 곳곳에 숨은 오류를 귀신같이 찾아냅니다. 이들에게 있어서 오탈자는 존재할 수 없는 큰 실수이며 큰 잘못이기 때문에 심한 비난이나 질책을 해도 된다고 생각합니다.

자신의 일을 완벽하게 하는 것이나 팀원에게 이를 요구하는 것 자체는 문제가 아닐 수도 있습니다. 할 수만 있다면 완벽한 절차를 통해 완벽한 결과를 만들어내는 게 무엇이 문제이겠습니까? 그렇지만 그 정도가 너무 심해서 기준부터 너무 이상적으로 높고 모두 지킬 수 없을 정도의 완벽함을 요구한다면 그것은 문제가 됩니다. 하지만 그들은 자신의 기준이 높다고 생각하지 않으며, 반드시 준수해야만 하는 최소한의 수준이라고 생각하는 경우들이 많습니다.

그런데 이런 높은 수준의 성과를 달성하기 위해서는 엄청난 스트레스와 노력이 필요합니다. 보통 사람들은 쉽게 해내기 어려울 수 있으며 사실은 본인도 매우 힘들고 지칩니다. 다만 힘든 것을 심각하게 여기지 않으며, 성과를 얻기 위해서는 당연한 것이라고 생각하고 무시합니다. 이들에게 힘든 과정과 완벽한 결과는 필수이며, 당연히 지켜야 하는 도리이기 때문입니다. 어떠한 스트레스나 어려움이 있다고 하더라도 이를 준수하는 것 자체가 중요하며 완벽한 결과가 필요할 뿐입니다. 그래서 이 과정 속에서 생기는 구성원들의 불만이나 스트레스에 대해서는 일체의 공감이나 위로도 하지 않습니다.

더욱이 문제가 되는 것은 100%의 결과를 달성하지 않는다면, 그것은 0%나 다름없다고 취급하는 것입니다. 단 하나의 오류만 생기더라도 그것은 실패한 것이며, 중간은 없습니다. 이런 접근을 '실무율적인 접근(All or None)'이라고 합니다. 성공 또는 실패만 있을 뿐 중간은 없으며, 원하는 대로 100%의 결과를 만들어내지 못했다면 그것은 실패와 같은 것입니다. 결과를 달성하는 과정에서의 노력은 무시되며, 그래도 그 정도면 잘한 편이라는 말은 가당치도 않습니다. 시험에서 하나라도 틀려 100점을 맞지 못했다면, 95점이나 50점이나 모두 0점과 마찬가지로 취급하는 것과 같습니다.

완벽하나 완벽하지 않은 사람

강박적 성격은 본인도 힘들고 남도 힘들게 하는 전형적인 성격입니다. 지나치게 높고 이상적인 기준과 완벽한 원칙 때문에 스스로도 극심한 스트레스를 받습니다. 완벽에 가까운 성과를 내고 나서도 문제점을 찾아 스스로 완벽하지 못함을 비난하고 자책합니다. 이런 문제 중심적인 패턴의 반복은 스스로를 지치게 하며 결국 번아웃을 불러옵니다.

동시에 주변 사람들에게도 심한 스트레스를 줄 뿐 아니라 완벽하지 못했을 때는 물론이고 완벽하려고 노력하지 않았다는 것까지 포함한 엄청난 비난과 분노를 보이기도 합니다. 게다가 상대방이 느끼는 정서적인 어려움에 대해 공감이나 위로는커녕 더욱 엄격한 기준과 원칙을 강요하여 결국에는 관계 자체를 단절시키기도 합니다. 그런데 가만히 생각해 본다면, 완벽은 불가능한 경우가 많습니다. 어찌 신입사원이 전문가의 기준에 맞춰 생각하고 행동할 수 있겠으며, 항상 100점을 맞을 수 있겠습니까? 이는 현실적으로 달성할 수 없는 기준일 뿐입니다.

이것이 바로 완벽한 성공을 이룬 것 같아 보이는 사람이 가지고 있는 내면의 불행입니다. 본인도 힘들고, 타인과도 행복하게 지내지 못하는 전형적인 패턴인 것입니다. 상담 과정에서 보면, 이런 사람은 자신이 잘못되었다고 생각하지 않는 경우가 많아서 치료도 쉽지 않습니다. 게다가 치료자와의 관계 형성이나 감정적 교류가 부족하기 때문에 치료에 도움이 되는 관계를 맺는 것이 쉽지 않습니다. 심리 치료도 로봇이나 챗GPT처럼 문제를 입력하면 바로 솔루션이 도출되는 완벽히 통제되고 관리되어야 하는 활동이라 생각합니다.

하지만 이들이 감정이라는 새로운 차원을 이해하고 받아들이는 순간 180도 변화된 인생을 사는 경우도 있습니다. 스스로에게 실수와 너그러움을 허락하고 타인에게도 정서적 관심을 쏟고 배려하는 방법을 학습하면 됩니다. 이것을 배울 수 있다면, 이를 통해 본인도 행복하고 타인도 행복하게 만드는 탁월한 영향력을 가지게 됩니다. 그것이 과연 가능할지 의문이 생길 수 있겠지만 가능합니다. 왜냐하면 이들은 치료 과정마저도 완벽하고 철저하게 하기 때문입니다. 그래서 한번 맘먹고 변화하려고 노력하면 그 변화마저도 완벽합니다. 이것이 바로 그들의 탁월한 장점이자 잠재력입니다. (단, 치료자나 상담자의 접근 방법이 유용한 것이며 효과적이라는 것을 인정하고 수용하는 험난한 과정을 거쳐야 합니다.)

완벽주의 & 강박적 성격의 사람들을 어떻게 대해야 할까

내 주변에 강박적 성격의 사람이 있다면 어떻게 대처해야 할까요? 그 사람들을 어떻게 이해하고 받아들여야 할까요? 최대한 문제가 안 생기면서도 잘 지내는 방법은 무엇일까요? 내 주변 사람이 강박적 성격인 것 같다면 다음의 사항들을 주의합니다.

1 | 강박적 성격인 사람의 장점 찾기

강박적 성격의 경우 장점이 많으나 갈등이나 대립 때문에 또는 정서를 표현하는 게 서툴러서 장점이 제대로 인식되지 못하기도 합니다. 그래서 장점과 단점을 명확하게 구분하고 분류하는 게 필요합니다. 나에게 업무상 도움이 되는 그들의 장점들을 굳이 놓칠 필요가 없습니다. 객관적으로 어떤 장점이 있으며, 그 장점들이 나에게는 어떤 도움이 될 수 있을지를 제대로 정리해 보는 것이 필요합니다.

2 | 상대방의 기준과 논리를 파악하기

강박적 성격의 경우에는 내적 기준과 원칙이 강합니다. 아예 형식적인 관계만을 유지하면 그 사람의 내적 기준이나 원칙을 건드리거나 부딪칠 일 자체가 없습니다. 하지만 그게 가능한 관계라면 아마 이렇게 힘들지도 않고 고민조차 하지 않았을 것입니다. 만약 정말로 피할 수 없는 상황이며 어떻게든 함께해야 한다면, 상대방의 기준과 논리를 정확하게 파악하는 것이 필요합니다. 그리고 그 기준과 논리를 인정하고 동의해야 합니다. 단, 상대방의 논리나 기준에 대해서 옳고 그름의 문제로 판단하면서 감정적으로 반응하는 것은 금물입니다. '아하! 너는 그렇게 생각하는구나! 오케이!' 정도로만 받아들이면 됩니다.

3 | 합리적으로 설명하기

더 깊은 관계나 소통이 필요하다면 상대방의 스타일을 고려한 대화 방법의 개발과 적용이 필요합니다. 이때 고려해야 하는 두 가지는 '이분법적 대화에 말려들지 말기'와 '합리적으로 설명하기'입니다. 이분법적 대화는 어떤 일이던 성공 또는 실패 두 가지로 구분하는 것입니다. 이것이 억울하거나 부당하다고 느끼면 감정적으로 반응하기 쉽습니다. 우선 이를 피해야 중립적이고 차분한 대화가 가능합니다. 또한 '합리적으로 설명하기'도 중요합니다. 이를 위해서는 충분한 근거와 논리를 준비하여 설득해야 하며, 감정을 빼고 중립적이고 균형 잡힌 입장에서 설명해야 합니다. 설득하기 위한 세 가지 이상의 근거 정도는 준비하는 것이 안전하며, 이를 제대로 표현하기 위해서는 각각의 근거를 말할 때 '첫째,… 둘째,… 셋째,…' 등과 같이 나열하는 게 더욱 논리적으로 보이며 효과적입니다.

+ 솔루션 1. 장점 리스트 작성하기

장점	내용	나에게 도움 되는 점
1. 논리적	모든 일에 근거와 논리가 분명하며 합리적	내 업무의 논리와 구조를 만들어줌
2.		
3.		
4.		

〈작성 참고〉

1. 장점 : 그 사람의 장점이라고 알려진 점들을 정리해 보세요.

2. 내용 : 장점의 세부 내용을 설명합니다.

3. 나에게 도움 되는 점 : 그 사람과 좋은 관계라면, 어떤 점들이 나에게 도움이 될지 정리해 보세요.

✚ 솔루션 2. 상대방의 기준과 논리를 파악하고 그에 동의하기

1단계 : 상대방의 기준과 논리 인정하기

상대방의 성향이나 행동을 고려하여 그와 같은 생각이나 기준을 가질 수 있음을 받아들입니다.

'그렇지! 그렇게 생각할 수 있지!' 또는 '아하! 너는 그렇게 생각하는구나! 오케이!'

2단계 : 타협 불가능한 상대방의 기준과 논리 찾기(최소 3가지 이상)

상대방의 생각이나 기준 중에 타협이 불가능해서 수용할 수밖에 없는 것들을 찾습니다.

1. 일을 조금의 실수도 없이 완벽하게 처리해야 한다
_____

2.
_____

3.
_____

3단계 : 타협과 조정이 가능한 상대방의 기준과 논리 찾기

상대방의 기준과 논리를 찾고 어떻게 조정할 것인지 계획합니다. 혼자서 작성해도 되며, 강박적 성격을 가진 상대방과 함께 작성해도 됩니다. (최소 3가지 이상)

1. 완성도를 수우미양가 5단계로 분류하기
_____

2.
_____

3.
_____

✚ 솔루션 3. 이분법적 대화에 낚이지 말기

모든 일을 성공 혹은 실패 두가지로 판단하는 그에게 휘둘리지 마세요.

강박적 성격인 사람 : 어쨌든 실패한 거잖아요! 뭐 그리 변명이 많아요? 그냥 틀리고 잘못한 거지!

나 : 네! 그렇죠! 성공인가 실패인가로 나눠보면, 실패인 것이 맞습니다. 그런데 수우미양가로 판단한다면, 몇 단계라고 생각하세요?

강박적 성격인 사람 : 실패는 실패라니까 무슨 소리예요?

나 : 네! 그렇죠! 실패 쪽에 가까운 것은 맞습니다. 그런데 거의 성공, 상당히 성공, 대부분 실패 등으로 나눠볼 수도 있을 것 같습니다. 왜냐하면 같은 실패라도 거의 성공과 대부분 실패는 차이가 너무 큽니다.

✦ 솔루션 4. 합리적이고 균형적으로 설명하기

아래 3단계를 생각하며 차분하게 주장해 봅니다.

1단계 : 내가 하고 싶은 주장이나 내용은 무엇인가?

'제가 부탁드리고 싶은 것은 성공과 실패라는 이분법적 잣대로만 판단하시지 말고 저의 수준이나 단계를 고려해서 조금 더 유연한 기준을 적용해 달라는 것입니다.'

2단계 : 갈등이 생길 수 있는 내용은 무엇인가?

'말씀하신 대로 완벽하게 성공하지 못한 것은 맞죠! 저도 100% 완벽하게 성공하고 싶고 리더님의 기준에 대해서도 맞추고 싶습니다.'

3단계 : 그에 대하여 어떻게 받아들일 것인가?

'하지만 저는 리더님에 비하여 경험이나 능력이 많이 부족하며, 아직 완벽한 능력을 위해 준비단계인 사람입니다. 제가 완벽한 업무 수행을 위해서 노력하는 과정을 단계적으로 봐주신다면 훨씬 더 열심히 업무를 수행하면서 점점 더 완벽한 결과를 만들어내는 직원이 될 수 있을 것 같아요.'

내가 완벽주의 & 강박적 성격이라면 어떻게 해야 할까

나에게 강박적 성격 경향이 있다면 어떻게 해야 할까요? 다른 사람들과 갈등이나 문제를 최소화하면서 함께 어울릴 수 있는 방법들은 무엇일까요? 내가 강박적 성격인 것 같다면 다음의 사항들을 실천해 봅니다.

1 | 다단계로 평가하고 생각하는 연습하기

나의 이분법적 사고와 행동을 보완하기 위해서는 비율적 사고법이 필요합니다. 예전에 학교에서 성적을 매길 때 사용하던 '수우미양가(매우 우수 - 우수 - 보통 - 미흡 - 매우 미흡)'처럼 5단계 또는 적어도 상중하의 3단계로 나누는 연습이 필요합니다. 물론 모두 최우수 수준의 완벽한 결과를 보이면 좋겠지만, 완벽함으로 가는 과정 자체에 가치를 두고 다른 사람의 한계로 인하여 최우수에 이르지 못하는 경우도 고려하기 바랍니다.

2 | 자신의 핵심 & 비핵심 가치 확인하기

강박적인 사람들이 보이는 특징 중 하나는 자신이 중요하게 생각하는 부분과 그렇지 않은 부분들이 너무 분명하게 대비된다는 점입니다. 내가 중요하게 생각하는 점들은 온 마음과 정성을 다해 완벽한 결과를 만들어내려고 하지만, 그렇지 않은 영역에는 너무 무관심할 수 있습니다. 따라서 스스로 완벽해야만 한다고 생각하는 영역과 나는 관심 없지만 다른 사람들은 중시하는 영역들을 선정해 보고, 특히 다른 사람들과 의견 차이를 보이는 부분들에 대해서는 자세히 기록해 보면 더욱 좋습니다.

3 | 감정 표현하기

강박적인 사람들이 주변 사람들에게 받는 피드백 중 하나는 너무 차갑고 냉정하다는 것입니다. 이런 모습으로 비치는 이유는 합리적이고 논리적인 반면, 감정과 같이 논리적으로 이해하기 어려운 영역에 대해서는 관심이 적으며 정서적 표현도 부족하기 때문입니다. '네, 좋습니다! 수고하셨어요.' 등의 정서적인 표현들을 미리 준비하거나 연습한다면 훨씬 더 다양한 정서적 상호작용을 할 수 있고 차갑고 냉정하다는 인상에서도 벗어날 수 있습니다.

✚ 솔루션 1. 나의 활동을 등급으로 구분하기

나의 주요 활동을 5가지 등급으로 나눠보세요.

활동 내용	매우 우수 (5점, '수')	우수 (4점, '우')	보통 (3점, '미')	미흡 (2점, '양')	매우 미흡 (1점, '가')
오류	없음, 또는 1개	2~3개	3개 초과	용납 못함	용납 못함
보고서 품질	매우 잘함	그래도 잘함	보통, 노력 필요	문제 있음, 매우 노력 필요	문제 심각, 퇴출 고려
직급 수준에 대한 기대/요구	부장급	차장급	과장급	일반직원	신입사원

✛ 솔루션 2. 핵심 & 비핵심 가치 확인하기

나의 가치와 사람들의 가치가 달라 갈등이나 문제가 생기는 것들을 써보세요.

내 기준과 생각에는 완벽해야 하는 것들(최대한 많이)	남들과 갈등이나 문제가 생기는 것들	남들은 중요하게 생각하나 나는 무관심한 것들
업무처리, 오탈자, 평가, 점수	기준이 너무 엄격하다고 함, 때로는 냉정하고 차갑다 함	칭찬, 인정, 정서적 배려

✛ 솔루션 3. 감정 표현하기

각 평가 등급에 맞는 다른 표현들을 만들어보세요.(예시 외에도 다양하게)

등급	매우 우수 (5점, '수')	우수 (4점, '우')	보통 (3점, '미')	미흡 (2점, '양')	매우 미흡 (1점, '가')
오류	없음, 또는 1개	2~3개	3개 초과	용납 못함	용납 못함
나의 표현 준비	네, 좋습니다! 완벽하네요!	네, 좋습니다! 수고하셨어요! 조금만 더 신경 쓰면 좋겠어요.			
보고서 품질	매우 잘함	그래도 잘함	보통, 노력 필요	문제 있음, 매우 노력 필요	문제 심각, 퇴출 고려
나의 표현 준비	네, 좋습니다! 완벽하네요!	네, 좋습니다! 수고하셨어요. 다만, 이 부분은 이렇게 수정하세요.	네, 수고했어요! 좀 더 철저히 준비하고 보완해 보세요.	네, 고생했어요. 그런데 아직 많은 보완이 필요합니다.	네, 고생했어요. 그런데 전체적으로 다시 기획해 보세요.

Part 3

이성의 마음을
이해하는
성격심리학

왜 우리는 이렇게도 사랑이 힘들까

여러분은 '사랑'이라는 단어를 생각하면 어떤 감정과 생각이 떠오릅니까? 한없이 설레고 들뜨면서 왠지 얼굴이 붉어지고 심장이 쿵쾅거리는 게 느껴집니까? 아니면, 그 어떤 것과도 비교할 수 없을 정도의 아픔이 느껴집니까? 사람들은 각자의 경험과 기억에 따라 사랑이라는 같은 단어에도 아주 다른 생각과 감정을 가집니다. 또한 사랑이 무엇인지에 대해서도 전혀 다른 정의와 관점을 가지고 있을 것입니다.

그런데 분명한 것은 그 어느 누구라도 사랑이라는 단어 앞에서 무감각하지는 않으며, 어떤 감정보다도 특별하게 느낀다는 겁니다. 그만큼 인간은 사랑에 특화된 존재입니다. 사랑은 삶을 살아가는 데 있어서 아주 중요하고 핵심적이며 특별한 감정입니다. 그만큼 사랑하는 사람과의 관계 또한 특별하고 중요한 의미가 있습니다.

우리는 사랑 안에서 한없이 설레임과 즐거움을 느끼기도 하고 큰 고통과 아픔을 겪기도 합니다. 사랑을 통해 천국과 지옥을 왔다 갔다 하는 겁니다. 행복하게 사랑하고 싶은데 사랑하는 사람으로 인해서 고통받고 힘들다면 이제 그 사람을 제대로 이해해 보세요. 그 사람은 왜 이렇게 행동하는 것일까요? 나는 왜 이렇게 힘들고 고통스러울까요? 그 사람을 어떻게 대해야 좋을까요? 우리를 힘들게 하는 사람과의 사랑에 대해 알아봅니다.

1 ✕ 의심병에는 약도 없다 :
편집적 성격

"제가 생각해도 가끔 제 성격이 피곤해요. 원래부터 걱정도 많고 사소한 일에도 신경을 많이 쓰는 편이기는 한데요, 특히 좋아하는 사람이 생기면 더 그러는 거 같아요. 그래서 좋아하는 마음이 커질수록 너무 힘들어요. 솔직히 불안하고 걱정돼요. 그래서 자꾸 그 사람에게 궁금한 것도 확인하고 싶은 것도 많아져요. '어제는 뭐 했어? 누구랑 만났어? 그래서 재미있었어? 그 사람 어떤 사람인데?'처럼 자꾸 질문을 하게 되는데, 그 사람이 속 시원하게 대답을 하지 않거나 대충 대답하면 '왜 그럴까?'하는 생각이 들어요. 혹시나 거짓말을 하는 건 아닌지 말 못 할 일을 한 건 아닌지 걱정도 들어요. 그런데 사랑하는 사람에 대한 이런 궁금증은 자연스러운 거 아닌가요? 오히려 그 사람이 '뭘 자꾸 캐묻고 그래? 날 못 믿어? 그만 집착해!'

라고 하면 정말 화가 나요. 그냥 좋아서 궁금하니까 물어본 건데 그걸 가지고 저를 너무 이상한 사람 취급을 하잖아요."

"애인의 집착이 너무 심해서 고민이에요. 물론 사랑하죠! 당연히 사랑하죠. 그런데 너무 지칠 때가 있어요. 그러다 보면 사랑이라는 감정은 점점 사라지고 너무 지치고 힘들고 피곤해요. 때로는 도망가고 싶다는 생각이 들기도 합니다. 좋아하는 마음이 있으니까 그럴 수도 있다고 생각은 해요. 저도 그러니까요. 그런데 사사건건 저의 모든 것을 알려고 하고 자기 생각에 조금이라도 의심스럽거나 이해가 안 되면 그때부터는…. 가끔은 대체 이게 사랑이 맞나, 이건 집착 아닌가? 하는 생각이 들기도 해요. 저를 사랑한다는 건 충분히 알겠고, 저도 정말 그 사람을 진심으로 사랑해요. 그런데 그 사람의 사랑 방법이 너무 힘들어요."

나는 또는 그 사람은 편집적인 사람인가

사례를 읽으면서 어떤 생각이 드셨습니까? '어, 나도 그런 것 같은데? 내 연인(또는 배우자)이 나를 편집적인 사람으로 볼까?'라는 생각이 드셨나요? 또는 '아, 맞아. 바로 그 사람 얘기네! 그 사람이 바로 그래!'라는 생각이 드셨나요? 나 자신 또는 다른 사람의 편집적인 행동에 대해서 객관적으로 평가해 보세요.

스스로의 행동 평가해 보기

각 문항에 대하여 상(3점) - 중(2점) - 하(1점)으로 평가한 후 점수를 합산해 보세요.
합이 12점 이상이면 '(남들이 보기에) 편집적 성격으로 보여질 수 있음'입니다.

1. 나는 내 연인의 모든 것을 알고 싶다	상 - 중 - 하
2. 나는 내 연인이 무엇을 하고 있을지 항상 궁금하다	상 - 중 - 하
3. 나는 내 연인의 사소한 변화도 금방 알아차린다	상 - 중 - 하
4. 나는 내 연인과 연락이 안 되면 아주 걱정스럽고 불안하다	상 - 중 - 하
5. 나는 내 연인에 대해서 불안한 생각이나 걱정이 많다	상 - 중 - 하

다른 사람의 행동 평가해 보기

각 문항에 대하여 상(3점) - 중(2점) - 하(1점)으로 평가한 후 점수를 합산해 보세요.
합이 12점 이상이면 '편집적 성격일 가능성이 높음'입니다.

1. 내 연인은 나에 대해 모든 것을 알고 싶어한다	상 - 중 - 하
2. 내 연인은 나의 생각이나 감정을 확인하고 싶어한다	상 - 중 - 하
3. 내 연인은 나의 일과를 모두 알고 싶어한다	상 - 중 - 하
4. 내 연인은 나에 대한 의심과 걱정이 많은 편이다	상 - 중 - 하
5. 내 연인은 가끔씩 사소한 것을 너무 깊이 따져 묻는다	상 - 중 - 하

대체 저 사람은 왜 저렇게 집착하는 걸까

사랑하는 연인과의 관계는 아주 특별합니다. 아주 특별한 감정을
느끼는 관계이며, 관계의 내용이나 상호작용도 특별합니다. 그래서
사랑에는 정답이 없습니다. 오직 두 사람만의 특별한 감정과 관계를
만들어가는 것 자체가 정답입니다. 그런데 사랑하는 사람에게 하는
요구나 기대, 행동 때문에 상대방이나 나 자신이 아주 고통스럽다면

어떨까요? 이는 진정한 사랑이 아닐 수 있습니다. 진정한 사랑은 모두가 행복하고, 사랑의 감정을 더욱 키워가는 방향이어야 합니다. 그런 면에서 편집적 성격의 사람은 본인도 상대방도 힘들게 만들어 결국에는 불행하고 비극적인 사랑으로 끝나기도 합니다.

1 | 의처증과 의부증의 심리학

'의처증'이나 '의부증'이라는 말을 들어본 적이 있습니까? 이는 배우자나 연인이 부정한 행위를 한다고 지나치게 의심하는 것을 말합니다. 물론 실제로 배우자의 부정이 있었을 수도 있으며, 배우자가 거짓말을 했던 적이 있다면 의심의 강도가 심해질 수는 있습니다. 하지만 그런 면들을 고려하더라도 일반적이고 상식적인 수준 이상의 심한 의심을 보이거나 나쁜 쪽으로만 생각하면 이는 의처증, 의부증을 의심해 보아야 합니다.

편집적인 성격의 사람들은 의심 자체가 습관이 되어있습니다. 의심이 습관이 되는 것은 다음과 같은 과정을 거칩니다. 첫 번째는 별거 아닌 사소한 일에 과한 해석이나 의미 부여를 합니다. 두 번째는 과한 해석이나 의미 부여가 부정적인 방향으로 치우쳐집니다. 세 번째는 이를 서로 엮어서 관련성이 높은 하나의 프레임으로 만들어버립니다. 이 세 가지 단계를 거치면서 상당히 체계적이고 정교하고 완고한 부정적인 의심 프레임이 만들어집니다.

예를 들어, 부부나 연인 간에는 기분에 따라서 다소 통명스럽게 얘기를 하거나 짜증을 낼 수도 있습니다. 상대방의 행동이 마음에 들지 않거나 불편한 경우 가장 간단한 반응은 '왜 그래? 무슨 일 있어?' 라고 물어보는 것입니다. 혹시 너무 피곤한 건지, 다른 곳에서 안 좋은 일이 있었는지 상태를 확인하는 것입니다. 반대로 '짜증 내지 마! 나도 힘들거든!'이라고 같이 짜증을 낼 수 있습니다. 그런데 이렇게 사소하게 넘어갈 수 있는 문제에 심하게 의미 부여를 하고, 특히 안 좋은 방향으로 의심 사이클을 돌리면 문제가 커집니다.

→ 갑자기 왜 짜증을 내는 거지?

→ 나에 대한 사랑이 식었나?

→ 그렇다고 저렇게 나를 막 대해도 돼?

→ 애정이 식었다고 저렇게 막 대하는 건 너무하잖아!

→ 혹시 나 말고 다른 이성이 생긴 건가?

→ 어떻게 날 두고 바람을 필 수가 있어? 배신당했네! 대체 누굴까?

이런 부정적인 생각들이 꼬리를 물고 연속적으로 떠오르면 나중에는 너무너무 화가 나거나 상대방에게 다른 이성이 생겼다는 전제 하에 추궁을 시작하게 됩니다. 그래서 뜬금없이 '너 혹시 바람피우니? 누구야? 언제부터인데?'라고 묻습니다. 갑자기 뜬금없는 질문에 상대방이 황당해서 대답을 머뭇거리거나 '무슨 말이야? 갑자기 왜 그런 말을 해?'라고 되물으며 당황하면, '왜? 내가 모를 줄 알았어? 말을 더듬는 거 보니 제대로 걸렸네! 내가 영원히 모를 줄 알았지?' 등과 같이 더 깊은 의심의 늪에 빠지게 됩니다.

이런 의심 사이클은 직장에서도 일어납니다. 상사나 동료가 어떤 이유에서인지 모르지만 이전과는 좀 다른 태도라고 느껴지게 행동할 수 있습니다. 그 전날 부부 싸움을 심하게 했다던가 애인과 헤어졌을 수도 있으며, 상사에게 안 좋은 소리를 들었을 수도 있습니다. 그렇다면 당연히 행동이 다를 수 있습니다. 그런데 이를 자신과 관련지어 해석해서 의미 부여를 하고 부정적인 해석을 하는 순간 사건은 터져버립니다. 이런 식의 생각 패턴을 '참조 사고(idea of reference, 무관한 일이나 사건을 자신과 관련지어 해석하고 받아들이는 생각)'라고 합니다.

→ 무슨 일이지? 나를 대하는 게 좀 달라졌는데?

→ 좀 불편해 하는 걸 보니, 안 좋은 일인가?

→ 내가 무슨 잘못을 했나?

→ 아니, 잘못을 했으면 그냥 편하게 말하면 되지, 왜 저러는 건데?

→ (이런 해석 체계가 반복된 후) 혹시 나를 내보내려고 하는 거야?

→ 아하, 그러고 보니 지난 한 달 동안 조금씩 작업을 한 거구나.

→ 내가 뭘 잘못했다고? 나보다 일 못하는 사람들이 얼마나 많은데 왜 하필이면 나야?'

이런 식의 의심 사이클이 돌아갑니다. 이런 생각들이 반복되고 체계화되면서 어느 순간 억울하게 짤리는 직장인 코스프레에 몰입하게 됩니다.

2 | 의심은 더 큰 의심을 부른다

혹시 앞에서 말한 의심 사이클을 겪어본 적이 있습니까? 힘든 일을 겪거나 스트레스가 심해지면 부정적인 생각들이 늘어나는 것은 당연합니다. 힘든 일이 없더라도 적절한 수준의 의심은 더 큰 문제가 생기는 것을 방지해 주는 긍정적인 역할도 있습니다. 예를 들어, 어떤 계약을 맺을 때는 혹시라도 있을 수 있는 문제들을 예상해서 이를 방지하기 위한 내용들을 계약서에 꼼꼼하게 기록할 수 있습니다.

하지만 과잉 해석과 의심 패턴이 만성화되거나 대부분의 상황에서 상식적 수준 이상의 의심을 먼저 한다면 이는 다른 문제가 됩니다. '힘든 일이 있어서 부정적인 생각들이 생기는 것'이 아니라 '부정적인 생각들을 많이 하다 보니 마음이 힘들어지게' 됩니다. 힘들어서 부정적인 생각들이 드는 것은 힘든 일이 줄거나 마음의 활력이 회복되면 의심이 줄고 부정적인 생각도 없어지며 생각의 균형을 다시 잡을 수 있습니다. 반면에 부정적인 생각들을 많이 하다 보니 마음이 힘들어지는 것은 어떤 상황에서나 같은 패턴을 보입니다. 이 부분이 바로 부정적인 생각 패턴의 반복이 정상적인 반응인지 성격의 문제인지 알 수 있는 핵심 포인트입니다.

부정적인 생각을 하는 것이 성격의 문제인 경우에는 의심에서 믿음으로 회복되는 과정 없이 계속 부정적이고 의심하는 패턴이 반복되며, 결국 마음은 계속 힘들어지는 악순환이 반복됩니다. 처음으로 의심 사이클이 발동될 때는 '그래, 괜한 의심과 걱정이야! 긍정적으로 생각하자!'라고 결심하고 다짐하여 어느 정도는 자신의 생각을 숨기거나 조절하는 것이 가능합니다. 하지만 시간이 지날수록 부정적인 생각들을 많이 하다 보니 심리적 고통은 더 심해지고 의심은 만성적인 습관이 됩니다. 그리고 이로 인한 마음의 고통과 분노는 제일 가깝고 친밀한 사람을 향하게 되며, 결국 두 사람 모두 고통의 소용돌이에 빠져들게 됩니다.

3 | 의심이 필요한 직업도 있다

직업 중에는 일의 특성 자체가 부정적으로 생각하거나 문제가 발생할 것을 미리부터 예상해야 하는 경우가 있습니다. 대표적인 예는 경찰이나 감사팀입니다. 항상 거짓말로 자신의 죄나 잘못을 숨기거나 축소하려고 하는 사람들을 주로 만나다 보면 먼저 의심을 해보는 습관이 생기게 됩니다. 품질관리나 회계 업무도 매우 정교하고 꼼꼼한 일처리가 필수입니다. 사소한 실수라도 했다간 아주 큰 문제들이 생기는 분야여서 의심하는 마음으로 여러 번 반복해서 점검하는 것이 특징입니다.

이렇게 의심과 세밀함을 요구하는 직무에 편집적인 성격의 사람들이 많습니다. 직무에서 요구되는 역할이나 행동이 성격과 잘 맞기 때문입니다. 편집적 성격의 사람들은 세밀하고 정교한 집중이 필요한 업무를 잘 소화해 냅니다. 게다가 업무 처리가 꼼꼼하고 정확도가 높아 직장 내에서 인정받는 경우도 많습니다. 특히 잠재적인 문제를 예상하고 사전에 미리 대처하여 해결하는 능력은 탁월합니다.

4 | 지나친 예의 바름 뒤에 숨어있는 불신의 벽

편집적 성격의 사람들은 인간관계에서도 조심스럽고 신중한 패턴을 보입니다. 상대에게 실수나 잘못을 거의 하지 않으며, 초반에는 상당히 정중하며 때로는 지나칠 정도로 예의 바른 태도를 보입니다. 이런 성격의 사람들과 대화를 하거나 관계를 맺다 보면, 보통 사람들만큼 친해진다는 느낌을 받지 못하며 솔직하거나 마음이 열려있다는 생각이 들지 않습니다. 때로는 너무 방어적이고 도저히 넘을 수 없는 벽이 있다고 느껴지기도 합니다. 특히 부부나 연인에게 요구되는 깊이 있고 진지한 신뢰 관계를 만드는 게 어려울 수도 있습니다.

더욱 문제가 되는 것은 조심스럽고 신중한 행동을 하느라 긴장과 불안이 많아서 본인 스스로의 스트레스가 심하다는 점입니다. 의심과 집착이 늘어날수록 커지는 스트레스를 스스로 깨닫지 못하고 제대로 해결하지 못하면 점점 쌓여만 갑니다. 그 결과 연인과의 갈등은 더욱 심해지며, 마음의 평화는 무너집니다.

본인도 편안하고, 타인도 편안하게

편집적 성격은 우선 스스로가 긴장과 의심을 풀고 편안해질 필요가 있습니다. 이를 위해서는 마음의 에너지를 쓰는 데 '균형적인 선택과 집중'을 해야 합니다. 사소하거나 크게 중요하지 않은 문제에 너무 많은 에너지를 투자할 필요는 없습니다. 중요한 일에만 집중해서 에너지를 쏟는 것이 좋으며, 사소한 일에는 작은 에너지만 쓰는 것이 낫습니다. 그래야만 부정적인 생각이나 사소한 일에 지나치게 집착하는 일들을 예방할 수 있습니다.

생각의 방향도 균형을 유지하는 게 필요합니다. 의심이나 걱정은 모두 부정적인 측면에 집중해서 상황을 받아들이거나 해석할 때 생기는 현상입니다. 따라서 부정적인 측면에만 집중해서 해석하지 말고, 긍정적인 측면을 고려한 균형 잡힌 관점에서 상황이나 사람을 바라보는 연습이 필요합니다. 그래야만 부정적인 생각이나 걱정에서 생기는 의심이나 집착 행동이 줄어들고 마음의 평화를 되찾을 수 있습니다.

이런 방법으로 마음의 평화와 안정감을 얻으면, 자연스럽게 다른 사람과의 관계도 개선됩니다. 다른 사람에 대한 부정적인 생각이 줄어들면서 긍정적 교류와 상호작용이 늘어나면 그 사람도 나에 대해서 긍정적으로 반응하고 우호적으로 행동하게 됩니다. 업무상 관계라면 이 정도만 해도 충분합니다. 균형만 잘 유지하면 더 이상 잘할 필요도 없으며, 문제나 갈등도 거의 없을 것입니다. 하지만 가깝고 친밀하고 보다 깊이 있는 관계의 사람들에게는 조금 더 진지하게 주의하는 것이 좋습니다.

적절한 의심과 조심스러운 행동이 생존에 꼭 필요한 부분인 것은 맞습니다. 하지만 다른 것과 마찬가지로 너무 강한 의심이나 신중함은 나 자신은 물론 다른 사람도 힘들게 할 수 있습니다. 과유불급이란 말이 있듯이 무엇이든 너무 과한 경우에는 문제가 될 수 있습니다. 이 점들을 분명히 기억하고 자신의 생각, 특히 안 좋은 생각들을 조절하는 법을 익혀야 합니다.

편집적인 사람들을 어떻게 대해야 할까

내 주변에 편집적인 사람이 있다면 어떻게 대처해야 할까요? 그 사람들을 어떻게 이해하고 받아들여야 할까요? 최대한 문제가 안 생기면서도 잘 지내는 방법은 무엇일까요? 내 주변 사람이 편집적 성격인 것 같다면 다음의 사항들은 주의합니다.

1 | 의심받을 짓을 최소화하자

연인이나 배우자가 의심이나 걱정이 많다면, 그들과 잘 지내기 위해 제일 간단한 방법은 의심받을 행동 자체를 최소화하는 것입니다. 이를 위해서는 가능한 한 솔직하게 말하는 것이 좋습니다. 어설프게 변명을 대거나 거짓말을 하다가 더 큰 문제가 생기기 때문입니다. 100% 완벽하게 솔직할 수는 없지만 확실한 대안이 없거나 완벽한 거짓말을 할 수 있는 경우가 아니라면 그냥 솔직하게 말하는 것이 차라리 낫습니다. 상대가 정교하고 치밀하게 생각하고 대응하는데 그걸 이길 방법은 거의 없습니다.

2 | 미리 상의하고 조율하자

하지만 모든 행동에 다 솔직할 수는 없으며, 서로의 의견이 다를 수 있기 때문에 문제를 완전히 피할 수는 없습니다. 자꾸 더 큰 문제가 생기는 것은 문제가 생긴 후나 싸울 때만 대화를 하기 때문입니다. 즉, 평상시에는 별 상의를 하지 않고 '알았어! 그렇게 할게'라고 무심결에 대답을 했다가 약속을 어기면 문제가 커집니다. 차라리 서로 좋은 기분일 때, 적어도 기분이 나쁘지 않은 때 미리 상의하는 것이 좋습니다. 서로 열심히 상의했음에도 불구하고 합의가 되지 못할 수도 있습니다. 하지만 합의가 되지 않았더라도 미리 얘기해서 서로 알고는 있는 게 훨씬 낫습니다. 적어도 '우리가 지난번에 이런 문제에 대해서 같이 이야기했고 나는 분명히 동의하지 않았어. 그리고 내가 진지하게 부탁했잖아요. 이건 내 뜻에 따라 달라고.'라는 말이라도 할 수 있어야 합니다.

3 | 피하는 것도 방법이다

그럼에도 불구하고 의심이나 걱정을 멈추지 않는다면, 그때는 별 방법이 없습니다. 더 이상 심각한 대립이나 문제가 생기지 않도록 피하는 것도 한 방법입니다. 매우 다른 경험을 해왔던 두 사람이 만났으니 아무리 사랑하는 관계가 되었다 하더라도 생각과 감정이 100% 일치할 수는 없습니다. 그러니 각자의 영역을 존중하고, 화합하거나 조율할 수 없는 부분이 있다는 것을 인정하고 받아들이는 것입니다. 부딪히기만 하는 영역에 대해서는 서로 건드리지 않거나 언급하지 않는 것이 최선은 아니지만 차선책이 될 수 있습니다. 단, 이 또한 위의 해결책과 마찬가지로 미리 대화해서 정하는 것이 좋습니다. 그래야만 나중에 필요 없는 논쟁을 중단하고 회피할 수 있는 명분이 생깁니다.

편집적인 사람에게 효과적으로 대응하기 위한 핵심 솔루션

+ 솔루션 1. 의심받을 행동을 최소화하고 솔직하게 말하자

의심받을 행동 자체를 하지 말고 걸렸을 때는 솔직히 말하는 것이 좋습니다. 다만, 솔직한 범위를 명확히 하세요.

'그래 맞아! 그 부분은 내가 잘못했어. 그렇게 한 거 맞아. 잘못했다고 생각하고 내가 인정해. 하지만 의도 자체가 나빴던 것은 아니야. 그냥 그 상황에서 내 친구들의 요구나 분위기를 거스르기 어려웠을 뿐이에요. 그 이상의 확대 해석은 안 해주면 좋겠어요!'

+ 솔루션 2. 갈등이나 대립이 생길 수 있는 문제들은 미리 논의하자

분위기가 좋거나 적어도 나쁘지 않은 상태에서 문제들을 미리 논의하세요.

'나 할 얘기가 있어요! 우리 대화하는 방법에 대해서 미리 상의하고 싶은데요. 내 말을 끝까지 듣고 나서 결론을 내려줬으면 좋겠어요. 내가 말하는 중간에 그렇게 먼저 단정 짓고 안 좋게 생각해 버리면 더 이상 대화하고 싶은 마음이 없어져요. 적어도 내 얘기를 끝까지 듣고 그다음에 결론을 내려주거나 나한테 맞는지를 확인해 주면 좋겠어요! 부탁합니다!'

+ 솔루션 3. 피하는 것도 방법이다

더 이상의 해결이나 타협이 어렵다면, 대립이나 갈등을 자연스럽게 피하기 위한 표현을 미리 다음과 같이 준비하세요.

'그런데 우리 이 얘기는 다음번에 다시 하면 어떨까요? 왜냐하면 이 얘기를 할 때마다 우리 대화가 항상 좋지 않게 끝났던 것 같아요. 우리 각자 생각 좀 해보고 충분히 준비된 다음에 다시 얘기해요!'

'좋아요! 그런데 내가 오늘 일정이 있어서 그 얘기를 계속하기 어려울 것 같아요. 우리 좀 시간이 넉넉할 때 얘기했으면 좋겠어요'.

내가 편집적인 사람이라면 어떻게 해야 할까

나에게 편집적인 성격 경향이 있다면 어떻게 해야 할까요? 다른 사람들과 갈등이나 문제를 최소화하면서 함께 어울릴 수 있는 방법들은 무엇일까요? 내가 편집적인 성격인 것 같다면 다음의 사항들을 실천해 봅니다.

1 | 내 생각을 통제하기

편집적인 성격이라고 처음부터 의심이나 걱정이 심한 것은 아닙니다. 알고 보면 사소한 문제인데 이를 진지하고 심각하게 생각하다 보면 점차 걱정이나 의심도 늘어나게 됩니다. 그래서 의심이나 걱정을 초반에 차단할 수 있어야 합니다. 즉, 생각을 멈추는 연습이 필요합니다. 사소한 사건으로 인한 생각이 너무 깊어진다 싶으면 빨리 그 생각을 차단할 수 있도록, 생각을 'STOP'하는 연습을 합니다. 나중에 다시 생각해 보면 그다지 중요하지 않은 일도 많습니다. 내가 원할 때 생각을 멈추고, 원할 때 다시 시작할 수 있도록 훈련하는 겁니다.

2 | 사건과 생각의 중요도 따져보기

편집적 성격의 경우 진지하고 정교한 사고 능력이 탁월한 장점입니다. 중요한 문제는 당연히 오랜 시간에 걸쳐 심사숙고하는 것이 필요하지만, 편집적 성격은 사소하거나 쉽게 지나쳐도 되는 문제에 대해서도 과하게 심리적 에너지를 투자합니다. 이를 방지하는 방법 중 하나는 문제의 중요도에 따라서 투자하는 노력의 정도를 달리하는 것입니다. 사소한 문제들에 대해서는 짧고 간단하게 생각해서 생각의 깊이를 구분하는 방법입니다. 일상적으로 겪을 수 있는 다양한 사건들에 대해서 '상-중-하'로 중요도를 평가하는 연습을 해보겠습니다.

3 | 다양한 해석 적용하기

편집적 성격의 사람들의 경우 생각이 깊고 진지한 것과 더불어 생각의 방향이 나쁜 쪽으로 치우치는 데에서 문제가 생깁니다. 따라서 다른 사람의 행동이나 상대방과의 사건에 대해서 중립적인 해석이나 긍정적인 해석을 함께 하는 능력을 길러야 합니다. 이런 연습이 충분히 되면, 생각이 부정적인 쪽으로만 흐르는 것을 예방하면서 동시에 균형 잡힌 생각을 하는 습관을 기를 수 있습니다. 구체적으로는 한 사건이나 행동에 대해 긍정적인 해석, 중립적인 해석, 부정적인 해석을 모두 생각해 보는 것입니다. 솔루션에서 제시한 상황을 예로 들어, 다양한 해석을 하는 연습을 해보기 바랍니다.

+ 솔루션 1. 생각이 깊어지기 전에 생각을 'STOP'하는 연습을 하자

입으로 'STOP! STOP! STOP!'하고 중얼거리듯이 내뱉으면서 오직 생각을 멈추는 것에만 집중하는 것입니다. 'STOP'이라고 쓰인 빨간색 교통 표지판 사진을 보면서 연습하면 더 효과적입니다. 생각보다 간단하고 쉬우며, 생각보다 잘 안되기도 합니다. 하지만 조금만 연습하면 금방 학습할 수 있습니다.

+ 솔루션 2. 문제의 중요도 따져 보자

기록된 생활 사건은 일반적인 예시입니다. 내가 생각한 내용을 써보고 중요도에 따라 생각 에너지를 투자하세요.

문제 상황	중요도
1. 지나가던 사람이 나를 힐끗 쳐다본 것 같다	상 - 중 - ⑩
2. 연인이나 배우자가 전화 연락이 잘 안된다	상 - 중 - ⑩
3. 연인이나 배우자가 심각한 표정으로 얘기할 것이 있다고 한다	㉡- 중 - 하
4. 오늘 특별한 기념일인데, 아마도 잊은 것 같다	상 -㉢- 하
5. (연인의 경우) 결혼할지, 말지에 대해서 상의한다 / (부부의 경우) 자녀를 낳을 것인지, 낳는다면 몇 명을 낳을 것인지 상의한다	㉡- 중 - 하
	상 - 중 - 하
	상 - 중 - 하
	상 - 중 - 하

✛ 솔루션 3. 다양한 해석을 적용하자

생활 사건	부정적인 해석	중립적인 해석	긍정적인 해석
지나가던 사람이 나를 힐끗 쳐다본 것 같다	뭐야? 시비거는 건가? 무슨 불만이 있나? 내가 기분 나쁘게 한 게 있나?	우연히 눈이 마주친 거 겠지. 별 의미 없을 거야. 착각일 수도 있어.	나한테 호감이 있나?
연인이나 배우자가 연락이 잘 안된다			
연인이나 배우자가 심각한 표정으로 얘기할 것이 있다고 한다			
오늘 특별한 기념 일인데 아마도 잊은 것 같다			

〈작성 참고〉

1. 기록된 생활 사건은 일반적인 예시입니다. 내가 생각한 내용을 써보세요.
2. 같은 생활 사건에 대해서 부정적, 중립적, 긍정적인 해석을 모두 써보세요.
3. 한 사건에 여러 가지 생각이 들면 모두 써도 됩니다.
4. 모두 기록한 후 각 해석의 양과 내용을 비교해 보세요.

2 ✕ 열탕과 냉탕 사이 :
경계선적 성격

"가만히 생각해 보면, 저도 저를 잘 모르겠어요. 제 속에는 너무도 다양한 모습들이 있는 것 같아요. 아주 행복하고 즐겁다가도 갑자기 바닥이 꺼지는 듯한 우울함이나 도저히 주체할 수 없는 불안에 시달리기도 해요. 안 그러고 싶은데 어느 순간 정신을 차리면 완전히 다른 모습의 저를 만나게 돼요. 지금 만나고 있는 연인은 저도 감당하기 어려운 이런 모습들까지 다 받아주니까 믿고 의지할 만한 사람이라는 생각은 들어요. 근데 가끔은 너무 단조로운 것 같아서 질리기도 하고 재미가 없어요. 그래도 그 사람과 있으면 안정감이 들면서 마음이 편해지기도 해요. 그런데 사람이라면 저의 이런 모습에 지칠 수 있는데 어떻게 다 받아줄 수 있는 걸까요? 혹시 저를 사랑하지 않는 건 아닐까요? 사랑이 아니라 무관심이면 어쩌죠? 그리고 누구라도 저의 이런 모습에 지치지 않을까요? 그럼 결국 지쳐서 절 버리면 어떡하죠? 너무 혼란스러워요."

(타인 관점)

"제 연인을 한마디로 표현하기가 힘들어요. 대체 같은 사람이 맞나 싶을 정도로 금세 전혀 다른 모습을 보이기도 하거든요. 어떤 날은 기분이 아주 좋다가 순식간에 분노의 화신으로 변한다니까요. 종잡을 수가 없어서 힘들어요. 그래도 계속 만나는 건 그런 모습까지도 너무 매력적이기 때문이에요. 아직도 처음 봤을 때의 그 강렬한 느낌이 기억나요. 그렇게 화려하게 차려입지도 않았고, 꾸안꾸였는데도 눈에 띄었어요. 환하게 웃고 있지만 왠지 슬픔과 아픔이 숨어있는 듯한 묘한 느낌이랄까. 너무 즐겁고 행복했다가 심하게 우울의 늪에 빠져버려요. 마치 열탕과 냉탕을 왔다 갔다 하는 느낌이에요."

나는 또는 그 사람은 경계선적 성격의 사람인가

사례를 읽으면서 어떤 생각이 드셨습니까? '어, 나도 그런 것 같은데? 남들이 나를 경계선적 성격의 사람으로 볼까?'라는 생각이 드셨나요? 또는 '아, 맞아. 바로 그 사람 얘기네! 그 사람이 바로 그래!'라는 생각이 드셨나요? 나 자신 또는 다른 사람의 경계선적 행동에 대해서 객관적으로 평가해 보세요.

각 문항에 대하여 상(3점) - 중(2점) - 하(1점)으로 평가한 후 점수를 합산해 보세요.
합이 12점 이상이면 '(남들이 보기에) 경계선적 성격의 사람으로 보여질 수 있음'입니다.

1. 나는 정서적으로 민감하다	상 - 중 - 하
2. 나는 감정 기복이 큰 편이다	상 - 중 - 하
3. 나는 기분이 좋을 때와 안 좋을 때 행동이 많이 다른 편이다	상 - 중 - 하
4. 나는 가끔씩 너무 행복하고 즐거운 기분을 느낀다	상 - 중 - 하
5. 나는 가끔씩 너무 우울하고 절망적일 때가 있다	상 - 중 - 하

각 문항에 대하여 상(3점) - 중(2점) - 하(1점)으로 평가한 후 점수를 합산해 보세요.
합이 12점 이상이면 '경계선적 성격의 사람일 가능성이 높음'입니다.

1. 그 사람은 정서적으로 민감하다	상 - 중 - 하
2. 그 사람은 감정 기복이 큰 편이다	상 - 중 - 하
3. 그 사람은 기분이 좋을 때와 안 좋을 때 행동이 다른 편이다	상 - 중 - 하
4. 그 사람은 가끔씩 너무 행복하고 즐거워 보일 때가 있다	상 - 중 - 하
5. 그 사람은 가끔씩 너무 우울해 보일 때가 있다	상 - 중 - 하

대체 저 사람은 왜 저렇게 왔다 갔다 하는 걸까

보통 성격이라고 하면 한 사람이 보이는 일관되고 안정적인 행동 특성을 말합니다. 그래서 적극적인 성격의 사람은 대부분의 상황에서 적극적으로 행동하고, 인간관계에서도 활발하고 많은 사람들과 좋은 관계를 맺으려 합니다. 반면에 소극적인 성격의 사람은 대부분의 상황에서 소극적으로 행동하고, 인간관계에서도 소수의 사람들과 깊이 있는 관계를 맺으려 합니다. 이처럼 사람은 일정하고 안정된 행동 패턴을 보이며, 이를 성격이라고 합니다.

그런데 성격 중에서도 마치 다중인격 같이 다채롭고 다양한 행동 특성들을 번갈아가며 보이는 성격이 있습니다. 이 성격이 바로 경계선적 성격입니다. 일정한 한 범주가 아닌 다양한 행동 범주의 경계선에 있어서 양쪽 또는 다양한 행동들을 보인다는 것을 의미합니다. 이런 다채로운 모습은 이들이 가지는 강력한 매력의 원천이기도 하지만 내적인 혼란의 이유가 되기도 합니다.

1 | 극단적인 감정 변화

경계선적 성격의 가장 큰 특징은 정서적 불안정입니다. 마치 열탕과 냉탕을 오고 가는 듯한 정서적 불안정성이 자주 나타납니다. 그래서 심리 상태가 좋을 때는 한없이 환하고 밝은 얼굴로 유쾌하고 즐거운 모습을 보이다가도, 때로는 세상의 모든 아픔과 슬픔을 다 짊어진 사람처럼 변하기도 합니다.

긍정적인 정서 상태일 때는 자신과 상대방, 그리고 세상 모두에 대해서 한없이 긍정적이고 행복하게 느껴집니다. 열정적이고 자신감을 보이며, 상대방에 대해서도 긍정적이고 우호적입니다. 특히 관계 초반에 이런 긍정적인 생각과 행동을 많이 보입니다. 반면에 부정적인 정서 상태일 때는 본인과 상대방, 그리고 주변의 환경에 대해서 부정적이고 적대적으로 대하는 모습이 뚜렷해집니다. 스스로에 대한 자신감이 떨어지고 자책과 자기 비난에 빠지며, 열정과 적극성은 사라져 버립니다. 연인과의 관계에서는 이런 패턴이 더욱 뚜렷해지는데 의심과 분노, 폭발적인 감정 표출 등 이전과는 완전히 다른 사람 같은 부정적 감정의 화신이 되어서 나타납니다.

이런 극단적인 감정 변화는 상대방을 혼란스럽게 만들기도 하지만 본인이 겪는 마음의 고통은 더 큽니다. 이런 패턴이 반복되면 본인의 고통은 더 심해지고 연인도 점점 지쳐갑니다. 뜨거운 열탕과 차디찬 냉탕을 번갈아 가는 듯한 행동이 반복되면서 '질린다'라고 표현될 정도로 모든 사람을 지치게 만듭니다.

2 | 낮은 자기존중감과 불안정한 자아상

경계선적 성격의 사람들의 정서가 불안해 보이는 근본적인 이유는 '불안정한 자아상'을 가지고 있기 때문입니다. 이 때문에 겉으로 드러나는 모습과는 달리 자기존중감이 낮으며, 스스로에 대한 자아상이 불안정하거나 부정적인 경향들이 뚜렷합니다. 내면에는 스스로에 대한 열등감이 숨겨져있기도 합니다. 자기존중감이라는 심리적 기초가 부실하고 불안정하기 때문에 경계선적 성격이 되는 것입니다.

낮은 자기존중감과 불안정한 자아상은 보통 어린 시절의 경험과 연계된 경우가 많습니다. 안정적이고 굳건한 자기존중감을 형성하기 위해서는 부모의 양육과정이 신뢰를 바탕으로 일관적이어야 합니다. '너는 사랑받을 만한 가치가 있는 좋은 사람이야'라는 믿음 속에서 자라면 어떤 상황에서도 '나를 끝까지 믿고 사랑해 주는 누군가가 있구나'라는 확신을 가질 수 있습니다.

하지만 자녀에게 한없는 믿음을 주기보다는 부모가 원하는 방향으로 행동할 때만 긍정적인 칭찬과 인정을 주는 경우들이 많습니다. 대표적인 것이 바로 공부입니다. 부모의 기대수준에 맞춘 성적이면 '착한 아이', 낮은 성적이면 존재 가치가 없는 '나쁜 아이'라는 이분법적인 칭찬과 인정을 주는 겁니다. 이 경우에는 건강한 자기존중감이 형성되지 못하며, 자신의 존재 자체가 가치 있는 것이 아니라 자신이 얻은 성적에 자신의 가치를 부여하게 됩니다. 공부 같은 조건이나 자신에게 큰 영향을 미치는 다른 사람들의 요구에 따라 자신의 가치를 결정짓는 것입니다. 이외에도 자녀의 언행이나 인간관계, 생각과 인생의 가치관 등 다양한 면들에 대해서 부모의 이분법적 판단이나 조건에 따라 좋고 나쁨을 구별하면 균형적이고 건강한 자아상을 가지지 못합니다.

3 | 이상화와 실망이 반복되다

낮은 자존감과 불안정한 자아상은 심리 상태를 불안하게 만들고 무엇으로도 채울 수 없는 듯한 공허함을 느끼게 합니다. 그래서 경계선적 성격의 사람들은 심리적 불안정이나 공허함을 채우기 위해 다른 사람들과의 관계에 더 의존하고 집착합니다. 또는 자신을 돋보이게 하거나 존재 가치를 높여줄 거라 생각되는 명품이나 고가의 자동차를 통해 자신의 공허함을 채우고 숨기기도 합니다. 자신을 지지하고 받쳐줄 수 있는 심리적 자원이 부족하기 때문에 어쩔 수 없이 자신의 가치를 확인해 줄 수 있는 다른 사람이나 물건에 의지하는 겁니다.

인간관계 초반에는 자신의 공허함과 결핍을 채워줄 지지와 애정을 기대하며 상대방에게 환상을 가지기도 합니다. 인생을 구원해 줄 것이라는 기대와 희망을 가득 담아 상대를 '이상화'하는 것입니다.

그러나 세상 그 어느 누가 내 마음의 공허함을 채워줄 정도의 애정을 쏟아주고, 내 마음대로 움직여주겠습니까? 기대가 큰 만큼 결국 실망이나 상실감을 겪게 됩니다. 과도한 요구와 기대는 완벽하게 채워질 수 없고 결국 상대방에 대한 실망과 분노로 바뀌게 됩니다. 그래서 결국 '너도 날 진짜 사랑한 게 아니었구나. 실망이다!'라고 생각하게 됩니다. 이처럼 이상화와 실망의 과정이 반복되면서 더 깊은 의존과 집착이라는 수렁에 빠지고 맙니다.

4 | 정말 지친다, 지쳐

경계선적 성격을 만나게 된 사람은 다른 사람과의 관계에서는 경험할 수 없었던 강한 감정의 교류를 느낍니다. 이런 감정이 부담스러울 수 있으나 다른 한편으로는 색다른 강렬함과 매력으로 느껴지기도 해서 푹 빠지게 됩니다. 영화에서나 보던 극적이고 드라마틱한 사랑이 찾아온 것입니다. 그리고 누구에게서도 보지 못했던 다채로운 모습에 점점 빠져갑니다.

하지만 이런 드라마틱한 사랑은 오래가지 못합니다. 내적인 공허함과 불안정한 자기존중감을 채우기 위해 끊임없이 애정을 확인하려드는 데다 요구하는 애정과 관심의 수준도 점점 높아져 맞추기가 버거워집니다. 처음에는 매력으로 느꼈던 모습들이 이제는 변덕스러움과 예측 불가로 느껴져 혼란스럽습니다. 이 정도 상황이 되면, 강렬한 매력과 짜릿한 감정은 사라지고 심리적 에너지는 모두 소진되어 버립니다. 결국 상대방의 불안정한 감정과 낮은 자기존중감으로 인한 피로감에 찌들어 지치게 될 수밖에 없습니다.

인간관계의 재구성이 필요하다

직업상 '어떤 사람이 상담과 심리 치료를 받아야 합니까?'라는 질문을 자주 받는데, '본인이 너무 힘들거나 타인을 힘들게 하는 경우'라고 답을 해드립니다. 경계선적 성격은 타인을 힘들게 하는 성격이면서도 본인은 더욱더 힘든 전형적인 성격입니다. 본인 스스로가 불안정하고 우울이나 불안에 쉽게 휩싸이기 때문에 너무나도 고통스럽고 힘듭니다. 하지만 이를 자신의 문제로 생각하거나 내 안에서 원인을 찾기보다는 '나를 버리고 떠나간' 타인들 잘못이라고 생각합니다. 자신을 잘못 키운 부모나 나를 버리고 떠나간 애인 또는 자신의 요구를 만족시켜 주지 못하는 배우자를 원망할 뿐입니다. 그래서 심리 치료나 상담으로 문제를 해결하고자 하는 동기도 약합니다.

게다가 직장 같은 사회생활에서는 경계선적 성격이 잘 드러나지 않습니다. 왜냐하면 사회적 관계에서는 깊은 내면까지 드러내거나 교류할 필요가 없기 때문입니다. 더 깊게 교류하는 연인이나 부부 관계 또는 가족 내에서만 문제가 드러나서 사회생활에서 보이는 모습과는 매우 다를 수 있습니다. 이 때문에 경계선적 성격을 가진 사람의 배우자나 연인은 억울해하는 경우가 많습니다. 남들에게 자신의 어려움을 얘기해 봐야 '그 사람이 그럴 리가 없지. 전혀 안 그래 보이는데?' 등의 반응을 얻을 뿐입니다. 아니면 '네가 너무 문제점만 보는 거 아니야? 좀 더 잘해줘~'라고 오히려 역비난을 받는 경우도 있습니다.

경계선적 성격은 심리적 고통이나 행동 문제들이 심각한 편이며, 상담이나 심리 치료 또한 오래 걸립니다. 건강한 자아상과 자기존중감을 새롭게 다지고 대인 관계에서도 태도와 교류 방식을 새롭게 구성해야 합니다. 그런데 말이 쉽지, 어린 시절의 경험을 극복하고 인간관계를 재구성하는 것은 결코 쉽지 않습니다. 그래서 치료 과정에서도 상담자에게 매우 공격적인 행동을 보이거나 치료가 중단되는 경우도 많습니다. 또 부부 사이에서도 공격적인 행동과 배우자에 대한 의심, 버려질 것에 대한 두려움 때문에 심한 부부 싸움을 자주 합니다.

이들에게 가장 필요한 것 두 가지는 상대의 일관성과 신뢰입니다. 배우자나 연인이 일관되고 지속적인 긍정적 피드백과 조건 없는 인정을 해줘서 장기적으로 건강한 자기존중감을 키우는 것이 필요합니다. 동시에 그들도 상대에게 비현실적인 기대를 하는 대신 현실적인 기대와 요구를 함으로써 이후에 나타나는 좌절과 실망, 그로 인한 분노와 적대감을 낮출 필요도 있습니다.

실제로 이들의 인간관계 기술 자체는 문제가 없는 경우가 많고, 오히려 탁월한 관계 기술을 가진 나이스하고 매력적인 사람인 경우도 많습니다. 그래서 이와 같은 장점들을 잘 활용한다면 건강한 성격으로 성장할 수 있습니다. 우선 자신을 고통스럽게 하고 사람과 갈등을 일으키는 급격한 감정 변화부터 줄여야 합니다. 이를 기반으로 한 신뢰와 안정감이 밑받침되면 벽돌로 집을 쌓듯이 자기존중감과 심리적 안정감을 쌓아 바람에 흔들리지 않는 편안하고 안전한 집과 같은 마음을 가질 수 있습니다.

경계선적 사람들을 어떻게 대해야 할까

내 주변에 경계선적 성격의 사람이 있다면 어떻게 대처해야 할까요? 그 사람들을 어떻게 이해하고 받아들여야 할까요? 최대한 문제가 안 생기면서도 잘 지내는 방법은 무엇일까요? 내 주변 사람이 경계선적 성격인 것 같다면 다음의 사항들을 주의합니다.

1 | 상대방의 감정 변화에 낚이지 말자

경계선적 성격의 사람들을 대할 때 가장 중요한 것은 평정심입니다. 경계선적 성격의 사람들의 감정적 반응에 쉽게 휩쓸려서 평정심을 유지하기가 그만큼 힘들기 때문입니다. 그들의 강한 감정 변화에 영향을 받고 결국 나 자신도 유사한 감정적 혼란을 겪습니다. 이는 당연하고 자연스러운 것입니다. 현실적으로는 감정 기복이 심한데다 때로는 공격적인 말들을 쏟아내는 상대방의 표현에도 평정심을 유지하는 것이 쉽지는 않습니다. 그렇게 때문에 솔루션을 통한 연습이 필요합니다.

2 | 평균적으로 생각하자

경계선적 성격의 사람이 강력한 감정을 표출할 때는 이를 감당하기 어려울 수 있습니다. 이럴 때 그래도 감정 변화의 영향을 덜 받는 방법은 '평균적으로 생각하기'입니다. 그 사람이 오늘 기분이 좋아서 한없이 들떠 보인다면, 금방 슬픔이나 좌절에 빠질 수 있다고 생각하는 것입니다. 반면에 오늘은 한없이 가라앉고 처지는 날이라면, 어느 순간에는 다시 밝아지는 순간이 올 거라고 생각하는 것입니다. 이처럼 지금 당장의 모습에만 영향을 받거나 이 모습이 전부라고 생각하지 말아야 합니다. '왜 또 이러는 거야?'라는 식으로 현재의 감정만 보고 더욱더 깊은 정서적 동요의 늪에 빠지지 않는 것이 좋습니다. 이를 방지하기 위해서는 습관적으로 그 사람의 심리 상태가 좋을 때와 그렇지 못한 경우를 평균적으로 생각해 나의 평정심을 유지하는 것이 필요합니다.

3 | 일관성과 신뢰가 담긴 표현을 하자

그런데 '이렇게까지 해서 그 사람과의 관계를 유지해야 하나?'라는 생각이 들 수도 있습니다. 그럼에도 불구하고 그 사람에 대한 애정과 관심이 남아있으며, 지켜주고 보호해 주고 싶은 마음이 든다면, 일관성과 신뢰를 줄 수 있어야만 합니다. 방법은 생각보다 간단합니다. 어떤 상황에서라도 신뢰와 애정을 담은 표현을 꾸준히 하는 것입니다. 한껏 싸우고 상처 받았을지라도 마지막에는 꼭 사랑을 담은 표현을 해주는 겁니다. 그 표현도 아주 쉽고 간단합니다. '당신은 사랑받기 위해 태어난 사람!', '오늘은 기분이 안 좋은가 보네! 좀 있으면 괜찮아지고 다시 활발하고 밝은 당신의 모습을 되찾을 수 있을 거예요!'

또는 '괜찮아! 사람이 힘들 때도 있고, 좋을 때도 있는 거지! 괜찮아!'
등의 표현을 자주 반복해서 표현해 주는 것입니다.

경계선적 성격인 사람에게 효과적으로 대응하기 위한 솔루션

+ 솔루션 1. 감정 변화에 낚이지 말고 평정심 유지하기

1. 상대방을 쳐다보면서 머릿속으로는 다른 생각을 하세요.

2. 속으로 숫자를 100까지 세보세요.(단, 천천히 & 진지하게)

3. 다른 자극을 찾아 집중해 보세요.(유튜브나 다른 즐길 거리)

+ 솔루션 2. 평균적으로 생각하기

1. 상대방의 기분이 좋은 상태이건 안 좋은 상태이건 지금 당장의 기분일 뿐이라고 생각하세요. 이 기분이 오래 지속되지 않을 수 있음을 기억하세요.

2. 상대방의 기분이 좋은 경우, 기분이 좋아서 우호적이고 즐거운 상황을 즐기면서 갑작스럽게 기분이 나빠질 수도 있음을 예상하세요.

3. 상대방의 기분이 좋지 않은 경우, 감정 변화에 낚이지 말고 솔루션 1을 사용하면서 기분이 좋았을 때의 우호적이고 즐거운 상황을 떠올리고 조금만 있으면 기분이 좋아질 수도 있다고 생각하세요.

+ 솔루션 3. 진심과 애정을 담아 꾸준히 표현하기

1. '그래도 나는 당신을 사랑하고 아껴요!'

2. '비록 오늘은 싸웠지만 그래도 좋은 관계를 회복할 수 있을 거예요! 우리 같이 노력해 봅시다!'

3. '세상에 완벽한 사람이 어디 있어요! 누구나 아픔이나 단점은 있는 법이고 그래도 나는 당신이 매력 있고 좋은 사람이라고 생각해요.'

내가 경계선적 성격이라면 어떻게 해야 할까

내가 경계선적 성격이라면 어떻게 해야 할까요? 다른 사람들과 갈등이나 문제를 최소화하면서 함께 어울릴 수 있는 방법들은 무엇일까요? 내가 경계선적 성격인 것 같다면 다음의 사항들을 실천해 봅니다.

1 | 나의 성장을 위한 용기 내보기

내가 경계선적 성격인 것 같다면 진지하게 장기적인 관점으로 상담과 심리 치료를 받으시라고 권합니다. 상담 권유에 대해서 대부분 '제가 문제라는 거죠? 왜 저한테만 뭐라고 하세요? 정작 치료를 받을 사람은 제가 아니라 저희 엄마예요!(또는 제 배우자예요!)'라고 엄청나게 화를 내면서 강하게 저항하는 경우가 많습니다. 치료가 필요하다는 것이 바로 이런 점 때문입니다. 저는 일개 심리 전문가로서 개인의 살아온 경험이나 마음의 어려움을 겪게 된 과정에 대해서는 자세히 모릅니다. 그렇지만 일단 마음의 고통이 심하고 삶이 힘들다면 심리상담을 받아 고통을 조금이라도 줄여보라고 권유합니다. 이는 몸이 아프면 병원에 가서 자신의 몸에 대해 정확하게 진단하고, 어디가 어떻게 아프며 어떻게 치료해야 하는지에 대한 조언을 얻는 것과 같습니다. 매년 건강검진을 받듯이 마음도 건강검진을 받는다고 생각하면 됩니다. 마음의 상태를 객관적으로 살펴보고, 건강한 마음을 만드는 활동을 한다는 생각으로 접근하시기 바랍니다.

2 | 자신의 감정 읽어보기

경계선적 성격의 사람들과 그 주변 사람들이 마음의 고통을 겪는 기본적인 원인은 감정 변화입니다. 열탕과 냉탕을 오가는 듯한 급격하고 갑작스러운 감정 변화는 주변 사람들을 당황하고 힘들게 하는 주요 원인입니다. 그런데 더 힘든 것은 본인입니다. 원하지도 않는데 강제로 40도가 넘는 열탕에서 얼음이 가득 찬 냉탕으로 갑자기 들어가거나 그 반대가 된다면 몸이 이를 견딜 수 있겠습니까? 스스로를 위해서라도 감정관리를 배우는 게 필요한데, 그중에서도 자신의 감정을 인식하는 과정이 먼저입니다. 자신의 감정을 인식하는 것은 감정의 수준을 평가하고, 감정을 확인하고, 함께 나타나는 생각이나 이미지를 정리해 보는 것입니다. 이 활동을 반복하면 내 감정을 객관적이고 정확하게 인식할 수 있습니다.

3 | 진정하기 & 진정하기

자신의 감정을 가능한 한 객관적이고 정확하게 인식하기 시작했다면 그다음 단계는 감정을 관리하는 법을 배우는 것입니다. 그런데 경계선적 성격의 감정은 워낙 그 강도와 폭이 넓기 때문에 관리하는 방법을 배우기 쉽지 않습니다. 그래서 가장 먼저 배워야 하는 감정관리 기법은 '진정하기'입니다. 긍정적 감정과 부정적 감정에 대해서 인식하고 진정하는 방법부터 배워야 합니다. 부정적인 감정을 진정하는 것은 당연하고 자연스럽게 보일 수 있습니다. 그런데 긍정적인 감정도 지나치면 문제를 일으킵니다. 긍정적인 감정이 과하면 그 이후에는 공허함이나 후유증이 생기거나 상대적으로 부정적인 감정이 치고 올라옵니다. 그래서 긍정적인 감정을 한껏 느끼고 즐기되, 나중에 상대적으로 공허하거나 기분이 안 좋을 수 있음을 예상하고 진정하는 것이 좋습니다.

+ 솔루션 1. 장기적인 계획으로 상담이나 심리 치료를 받기

상담 주제는 다음과 같은 것이면 좋습니다. 나의 인간관계 진지하게 돌아보고 개선하기,
어린 시절의 기억과 아픔을 정리하기, 건강한 연애법 & 사랑법 배우기 등

+ 솔루션 2. 자신의 감정 읽기

내 감정을 객관적으로 인식하기 위한 감정인식 능력을 향상시켜 보세요.

생활 사건	감정 수준 확인	감정 상태 확인	떠오르는 생각이나 이미지
연인이 연락되지 않는다	(안 좋음) – 보통 – 좋음	우울하고 화남 배신감	왜 연락을 안 받지? 안 좋은 생각들. 버림받는 거 아닌가도 생각함

〈작성 참고〉

1. 생활 사건 : 강한 감정 변화가 들었던 때나 상황을 간단히 요약해서 써보세요.
2. 감정 수준 확인 : 그 상황에서 느낀 감정 수준을 점수로 평가해 보세요. (복수 응답 가능 : 좋은 감정과 안 좋은 감정이 같이 있을 때는 모두 체크 해도 됩니다.)
3. 감정 상태 확인 : 자신이 느끼고 있는 감정을 정의해 보세요. 어떤 표현도 괜찮으니 자기 방식으로 표현합니다.
4. 떠오르는 생각이나 이미지 : 감정이 격해질 때 떠오르는 생각이나 이미지를 가능한 한 모두 써보세요.

+ 솔루션 3. 감정을 진정하고 조절하는 연습하기

1. 솔루션 2를 실행하고 차곡차곡 모아두세요.

2. 지금의 감정과 비슷했던 이전의 생활 사건이나 감정 상태를 찾아서 비교해 보세요.

3. 비슷한 상황에서의 생각이나 이미지와 비교해 보세요.

예시) 예전에 연락이 안 되었을 때, 화가 나고 배신감이 들었었지. 그런데 알고 보니 별일도
아니었고 사이만 더 나빠졌어. 지금도 그런 경우일 테니까 진정하고 기다려보자.

3 ✕ 나를 진짜 사랑하는 건 맞니? :
분열성 성격

"저는 솔직히 혼자가 제일 편하고 좋아요. 다른 사람들이 꼭 필요한가요? 물론 외로움을 느낄 때도 있는데 그건 잠깐이잖아요. 잠깐의 외로움을 해결하겠다고 그 오랜 시간 동안 신경전하고, 심리전하고. 생각만 해도 지쳐요. 네? 제가 사회 부적응자라고요? 아니요! 저 겉으로 보면 멀쩡해요. 회사도 잘 다니고 결혼도 했고 예쁜 자녀도 있어요. 이 정도면 된 거 아닌가요? 물론 우리 가족들은 제가 저런 생각하는지 몰라요. 자상한 부모, 온화한 배우자 역할을 잘하고 있거든요. 물론 처음에는 갈등도 많고 싸웠죠. 그래도 요즘에는 자상한 '척', 온화한 '척' 하는 스킬이나 노하우가 좀 생겨서 편해요. 그래도 항상 벗어나고 싶고, 혼자 있고 싶다는 생각이 들기는 해요. 나는 '자연인이다'라는 프로그램 아세요? 제 인생의 꿈이에요!"

"저는 대체 결혼을 왜 했나 싶어요. 그냥 혼자 사는 게 차라리 낫죠. 그 사람은 아무짝에도 쓸모가 없어요. 말도 안 통하고 마음을 나눌 수도 없어요. 제가 난리를 쳐도 그냥 '알았어. 미안해. 내가 이렇게 생겨 먹은 걸 어떡해. 우리 엄마도 나를 못 고쳤어. 포기해'라면서 아예 개무시를 한다니까요. 차라리 싸우는 게 낫죠. 그냥 집에 사람처럼 생긴 로봇 하나가 왔다 갔다 하는 것 이상으로는 아무런 가치가 없어요. 정말 저런 인간이랑 결혼을 왜 했는지 모르겠어요. 연애 때는 저 정도는 아니었어요. 연애 때도 좀 무심하고 차가운 인상은 있었지만 그게 오히려 매력이었어요. 왠지 쿨하고 냉정한 모습에 더 안달 나서 매달리고 그랬다니까요. 왜 그런 거 있잖아요. 상대방이 가만히 있고 무관심해 보이니 제가 더 달려들어야 하는? 그래도 항상 같은 모습이고 일관성 있는 모습이라서 믿음이 갔어요. 생각해 보면 그 사람은 항상 그 자리에 그렇게 혼자 뭔가에 골똘해 있었던 것 같아요. 저 혼자 난리인 거지…. 이제는 저도 지쳐서 포기했어요."

나는 또는 그 사람은 분열성 성격의 사람인가

사례를 읽으면서 어떤 생각이 드셨습니까? '어, 나도 그런 것 같은데? 남들이 나를 분열성 성격의 사람으로 볼까?'라는 생각이 드셨나요? 또는 '아, 맞아. 바로 그 사람 얘기네! 그 사람이 바로 그래!'라는 생각이 드셨나요? 나 자신 또는 다른 사람의 분열성 성격의 행동에 대해서 객관적으로 평가해 보세요.

각 문항에 대하여 상(3점) - 중(2점) - 하(1점)으로 평가한 후 점수를 합산해 보세요.
합이 12점 이상이면 '(남들이 보기에) 분열성 성격의 사람으로 보여질 수 있음'입니다.

1. 나는 혼자 있는 것이 차라리 편하다	상 - 중 - 하
2. 나는 혼자만의 세상을 꿈꾼다	상 - 중 - 하
3. 나는 인간관계에 별 관심이 없다	상 - 중 - 하
4. 나는 사람들과의 관계가 필수는 아니라고 생각한다	상 - 중 - 하
5. 사람들 간의 감정 싸움은 불필요한 에너지 낭비이다	상 - 중 - 하

각 문항에 대하여 상(3점) - 중(2점) - 하(1점)으로 평가한 후 점수를 합산해 보세요.
합이 12점 이상이면 '분열성 성격의 사람일 가능성이 높음'입니다.

1. 그 사람은 혼자 있는 것을 좋아한다	상 - 중 - 하
2. 그 사람은 혼자서도 잘 살 것 같다	상 - 중 - 하
3. 그 사람은 인간관계에 무관심하다	상 - 중 - 하
4. 그 사람은 사적인 관계가 거의 없다	상 - 중 - 하
5. 그 사람은 감정적인 변화나 반응이 거의 없다	상 - 중 - 하

대체 저 사람은 왜 저렇게 혼자이고 싶은 걸까

이름부터 어려운 분열성 성격은 쉽게 이해하기 어려운 성격입니다. 특히 배우자나 연인이 되면 더욱 이해하고 수용하기 어려운 부분들이 많습니다. 그럼에도 불구하고 생각보다 우리 주변에 많은 성격이기도 합니다. '도대체 저 사람한테 무슨 문제가 있다는 거야?'라고 생각했다가 관계가 깊어질수록 '뭔가 일반적이지는 않구나!'라고 깨닫게 되기도 합니다.

분열성 성격은 일반적인 사회생활에서도 큰 문제가 없으며, 오히려 차분하고 냉정하며 감정에 휘둘리지 않는 쿨한 매력을 가진 사람으로 보입니다. 그래서 감정적인 접근보다 논리적이고 합리적인 접근을 해야만 하는 과학자나 연구원, 법률계나 회계 분야, 벤처나 IT업계의 개발자들 중에는 이런 성향을 가진 사람이 많습니다. 게다가 평소 본인이 감정적이라고 생각하거나 정서적 변화가 큰 사람들에게는 이들의 쿨하고 냉정함이 큰 매력으로 느껴지기 때문에 인기가 좋기도 합니다. 물론 관계가 깊어지면 냉정함과 무관심의 칼날에 마음을 다치게 됩니다.

1 | '분열'을 오해하지 마세요

분열성 성격의 분열은 '나누어짐' 또는 '분리됨' 정도의 의미입니다. 아마도 조현병이라는 병명을 들어보신 적이 있을 것입니다. 정신이 나누어져 현실과 괴리가 일어나고 현실과 동떨어진 망상이나 환상에 빠지는 병입니다. 분열성 성격은 조현병의 옛 이름인 정신 분열증과 비슷한 이름 때문에 부정적 인상이 강하지만 다른 사람에게 특별한 해를 끼치거나 위해를 가하는 일이 없으며 스스로도 불편함이 거의 없는 무해한 성격입니다. 세상에 대한 '선 긋기' 정도의 분열을 보일 뿐입니다.

이들이 보이는 '분열'과 '선 긋기'의 영역은 분명합니다. 바로 인간관계와 감정입니다. 인간관계에 관심 자체가 없으니, 관계를 맺어야 할 동기나 필요성을 거의 느끼지 못합니다. 인간관계 스킬이나 노하우에서도 미숙합니다. 그리고 사람 사이에서 느끼는 감정인 희로애락에 대해서 관심이 없고 이를 인식하거나 관리하는 능력도 부족합니다. 그래서 가족이나 연인과 같이 깊은 상호작용을 해야 하는 사이에서는 관계나 정서적 교류가 약해서 서운하거나 스트레스를 받게됩니다.

2 | 로빈슨 크루소를 아시나요

'로빈슨 크루소의 모험'이라는 소설이 있습니다. 뱃사람이었던 로빈슨 크루소가 조난을 당해 무인도 해변에서 28년 동안 혼자 살다가 기적적으로 구출된 이야기를 자전적 소설로 써낸 작품입니다. 배가 난파하며 동료 선원들이 모두 죽고 무인도에 혼자 남겨진 주인공은 슬퍼하거나 외로워하지 않습니다. 주어진 환경을 최대한 활용하여 스스로가 만족할 수 있는 환경을 만들어가고 그 안에서 최대한의 만족과 성취를 즐깁니다. 혼자 남았다는 외로움이나 사람에 대한 그리움에 고통받기보다는 스스로 만족할 수 있는 세상을 만들어 어떤 간섭과 통제도 없이 혼자서 살아갑니다.

이런 그의 모습은 인간관계가 버겁고, 그 안에서 온갖 상처와 스트레스를 받는 현대인들에게 막연한 동경과 탈출구를 보여줍니다. 사람들 속에서 지치고 상처받은 사람에게는 혼자서도 충분히 행복할 수 있다는 이상적인 메시지를 전달해 주기도 합니다. '사람은 혼자 살아갈 수 있는가?'라는 철학적 질문에 충분히 가능하다는 답변이 되기도 합니다.

우리나라에도 비슷한 TV 프로그램이 있습니다. 꾸준한 인기를 얻으면서 매니아층을 보유하고 있는 '나는 자연인이다'가 바로 그것입니다. 자연 속에서 유유자적 혼자만의 삶을 살아가고 있는 사람들의 일상을 소개하는 이 프로그램이 인기를 끄는 이유는 우리의 삶이 그만큼 지치고 힘들기 때문일 겁니다. 그리고 그 원인은 주로 인간관계와 그 과정에서의 감정들입니다. 그에 벗어나 홀로 만족하며 사는 자연인들의 모습은 현재의 스트레스나 마음의 어려움을 벗어나는 하나의 탈출구를 보여주는 기능을 합니다. 사실 꼭 산속에서 살지 않더라도 도심의 빌딩 속에서도 나만의 공간 몇 평만 있다면 모든 생활의 문제들을 해결하면서도 인간관계와 불필요한 감정싸움과 신경전에서 벗어날 수 있습니다. 그래서 생기는 '디지털 자연인'이 바로 분열성 성격의 사람들입니다. 자연인처럼 진짜 산속에서 지내는 것은 아니지만 산속 대신에 온라인 세상에서 혼자 지내는 시간이 많아지는 것입니다.

3 | 그 선을 넘지 마오

인간관계나 정서적 교류에 대한 관심 수준은 사람마다 크게 다릅니다. 적극적이고 활발한 인간관계를 맺으며, 때로는 상처를 입더라도 그 안에서 생기는 희로애락을 즐기는 사람들이 있습니다. 한편으로는 먹고 살기 위해서 어쩔 수 없이 인간관계를 맺고 그 과정에서 나타나는 감정적인 문제들에 시달리며 지쳐가는 사람들도 있습니다.

분열성 성격은 다른 사람들에 대한 관심과 교류에 대한 동기가 낮으면서도 혼자서도 충분히 삶을 즐기는 사람들입니다. 그런데 이처럼 자신이 생각하는 방식으로 만족스럽게 사는 모습을 가만히 두고 보지 못하는 사람들이 있습니다. 그 사람들은 인간관계에 대한 관심이 흘러넘쳐서, 자신의 삶뿐만 아니라 다른 사람들의 살아가는 방식에 관여하고 도움을 주려는 소위 '오지라퍼'라고 불리는 사람들입니다. 이들의 관점에서 보면 분열성 성격의 사람들은 인생의 큰 만족과 즐거움이 결여되었으며, 관련된 스킬이 부족해서 절실한 도움이 필요해 보입니다. 그래서 오지라퍼들은 분열성 성격의 사람들을 돕는다는 명분 하에 그들의 삶에 개입하고 싶어 합니다.

로빈슨 크루소에 대비되는 고전 소설로 '걸리버 여행기'가 있습니다. 걸리버는 혼자 있는 세상은 생각지도 않으며, 항상 새로운 도전을 하고자 합니다. 그래서 소인국과 대인국을 오가는 대모험을 즐깁니다. 심지어 가는 곳마다 잘 어울리고 적응하여 그 안에서 역할을 찾아내고 가치를 인정받습니다. 오지라퍼들은 마치 걸리버가 새로운 세상을 탐색하듯이 분열성 성격의 사람들을 탐색하고 도전하며, 그들과 함께하는 삶 속에서 새로운 정답을 만들어내려고 노력하고 이를 즐깁니다. 그런데 분열성 성격은 걸리버와 같은 오지라퍼의 관심이나 개입이 그리 달갑지 않습니다. 도통 이해도 안 되고 성가시며, 오히려 스트레스와 불편함의 원인이 되기 쉽습니다.

4 | 솔직히 부담스러운 인간관계

가족이나 연인과 같이 정서적인 교류가 기본이 되는 친밀한 관계에서는 분열성 성격을 가진 사람들의 행동이 갈등과 문제의 원인이 됩니다. 회사에서는 일만 하면 되고, 업무에 필요한 정도의 인간관계면 충분하며, 회사 동료 중 마음 맞는 사람과만 더 깊게 지내면 됩니다. 하지만 친밀한 관계라는 것은 관계 자체가 정서적인 면이 강해서 감정적 교류나 상호작용이 중요합니다. 이런 관계에서 분열성 성격의 사람들의 행동과 감정 관리 방식은 문제가 될 수 있습니다.

예를 들어, 두 사람이 만나 호감을 가지고 썸을 탑니다. 서로의 마음을 확인하고 감정이 깊어지면 특별한 정서적 관계인 애인이 됩니다. 애인이 되는 순간 관계의 질이나 감정 교류에 대한 요구나 기대가 한 단계 높아집니다. 그리고 진지하고 깊이 있는 관계와 그 안에서의 정서적 교류가 지속되면 어느 날 결혼을 이야기하기도 합니다. 이 정도 관계가 되면 단순히 두 사람만의 관계를 넘어서 가족이라는 집단 속에서 인간관계와 상호작용에 대한 부담이 더해집니다. 이런 상황은 분열성 성격에게는 바라지도 않았던 아주 치명적이고 위험한 상황입니다.

하지만 세상은 이를 쉽게 이해해 주지 않으며, 사회적 역할과 책임을 다하지 못한다고 비난하는 경우도 생깁니다. 연애 수준의 관계면 그나마 낫습니다. 연애 관계에서의 의무나 책임은 법적으로 정해져 있지도 않으며 결국은 상대적이기 때문입니다. 그런데 결혼 관계가 되면 그 책임과 의무가 급격하게 늘어납니다. 그러잖아도 인간관계나 정서적 교류에 취약한 분열성 성격의 사람들에게는 더욱더 부담스럽고 힘든 상황이 오는 것입니다.

굳이 성격을 바꾸어야 할까

분열성 성격을 보이는 사람들의 성격이 바뀔 수 있을까요? 분열성 성격은 심리 치료 자체를 원하지 않는 대표적인 사람들입니다. 본인이 불편한 것이 없기 때문입니다. 그래서 문제의식도 없으며 변화를 원하는 의지도 없습니다. 대신 그 배우자나 연인이 상담을 의뢰하는 경우가 오히려 많습니다. 본인도 상담을 원하는지 물어보면 그 대답은 대부분 '아니요. 그 사람은 별로 문제라고 생각하지도 않아요. 그런데 이 사람의 행동은 문제잖아요. 당연히 치료받고 바꿔야죠!'입니다. 하지만 다 큰 성인을 억지로 상담이나 심리 치료에 끌고 올 수는 없습니다. 본인의 의지가 있어야만 합니다.

분열성 성격인 본인이 불편하지 않아서 스스로 변화해야 할 필요성이나 의지가 없다면 그것을 해결할 수 있는 방법은 없습니다. 하지만 분열성 성격인 사람의 배우자가 변할 수는 있습니다. 가장 먼저 배우자가 분열성 성격의 특징과 장단점을 정확하게 이해하고 수용해야 합니다. 그리고 '내가 바라는 그 사람의 모습'이 아닌 '그 사람의 기본적인 성향에서 내가 바라고 원할 수 있는 수준'으로 기대와 요구를 조정하면 됩니다. 이것만으로도 감정적인 대립이나 갈등이 줄어들고, 관계가 덜 불편하게 바뀝니다. 그렇게 관계가 덜 불편해지고 대립이나 갈등이 줄어들면 그 사람이 배우자의 말이나 요구에 귀를 기울일 가능성도 높아집니다. 이처럼 서로 대화하고 교류하려는 마음이 충분히 생긴 후에서야 서로가 원하는 바에 대해서 이야기해 볼 수 있으며, 어쩌면 상담을 받겠다고 할 수도 있는 것입니다.

내가 분열성 성격을 가지고 있다면 변화 여부는 결국 나의 선택입니다. 그런데 변화할지 말지를 결정하기 전에 '변화'라는 표현에 대한 부담부터 줄일 필요가 있습니다. '이 나이에 나보고 어쩌라고? 이렇게 평생을 살아왔는데, 이제 와서 어떻게 변하나? 왜 자꾸 부담을 주고 그래? 나는 그냥 지금 내 상황에 만족한다고! No Touch!'라고 생각할 필요는 없습니다. 나의 성향이나 행동방식을 95% 이상 계속 유지하면서 일부 스킬이나 커뮤니케이션 방식만 수정하면 되기 때문입니다. 나의 5%만 변화하려는 노력을 통해 주변 사람들을 행복하게 해줄 수 있다면, 그 정도 변화는 시도해 보는 것이 좋지 않을까요?

분열성 성격의 사람들을 어떻게 대해야 할까

내 주변에 분열성 성격의 사람이 있다면 어떻게 대처해야 할까요? 그 사람들을 어떻게 이해하고 받아들여야 할까요? 최대한 문제가 안 생기면서도 잘 지내는 방법은 무엇일까요? 내 주변 사람이 분열성 성격인 것 같다면 다음의 사항들을 주의합니다.

1 | 존중하고 인정하자

사람이 모든 것을 다 갖출 수는 없습니다. 어떤 성격이라도 장점과 단점이 함께 있습니다. 성격이란 마치 왼손잡이와 오른손잡이와 같은 자연스러운 다름일 뿐이지, 옳고 그름의 문제가 아닙니다. 우리는 이 사실을 이미 알고 있습니다. 하지만 실제로는 다름을 틀림이라 생각하여 비난하고, 인정하고 수용하기보다는 내 방식에 맞춰 행동해 주기를 요구하기도 합니다. 그런데 그 사람을 처음 만났을 때를 한 번 떠올려보세요. 그때는 어떤 점 때문에 끌렸습니까? 혹시 왠지 조용하고 차분해 보이는 모습과 때로는 냉정해 보이기는 하나 한결같은 모습에 신뢰가 가지는 않았나요? 지금은 싫어하는 모습이 처음에 매력을 느꼈던 모습은 아닌지부터 생각해 보세요. 우리는 상대가 조용하고 차분한 성격이면서도 때로는 활발하고 풍부한 감정 표현을 하길 기대하곤 합니다. 또 한결같고 일관적인 모습을 답답하거나 무심하다고 해석하기도 합니다. 우선 가장 중요한 것은 상대방의 모습을 있는 그대로 인정하고 수용하는 것입니다.

2 | 타협안을 제시하고 조율하자

상대방의 모습을 있는 그대로 존중하고 인정하는 것이 단순한 친구 사이나 그냥 아는 사람 정도라면 그래도 쉽습니다. 형식적으로만 관계를 맺으며 겉으로만 잘 지내도 충분하기 때문입니다. 그런데 연인이나 배우자가 되면 상당히 다른 문제가 됩니다. 특별한 관계라는 것은 공유하는 심리적인 영역도 넓으며, 서로 관여하는 수준도 깊어지고 요구와 기대도 많아집니다. 그런데 서로의 요구나 기대는 다를 가능성이 매우 높으며, 이는 결국 갈등의 씨앗이 됩니다. 따라서 서로의 요구나 기대를 분명하게 확인한 후 현실적으로 타협하고 서로의 입장을 조율하는 것이 필요합니다. 어떤 것들을, 어느 수준으로 조율해야 하는지는 정답이 없습니다. 두 사람이 상의하여 결정하면 됩니다. 솔루션에서 제시한 표를 이용하면 조금 더 효과적으로 이야기를 나누고 조율할 수 있습니다.

3 | 내 입장의 기대와 요구를 포기하자

하지만 조율이나 타협이 힘든 경우들이 흔히 생깁니다. 이럴 경우에는 어떻게 하는 것이 좋은 방법일까요? 방법은 아주 단순한 선택입니다. ①그 부분에 대해서 계속해서 요구하여 심각한 갈등과 대립을 만든다. ②깨끗하게 포기하고 기대하지 않는다. 결국 이 둘 중 하나가 결론입니다. 물론 내 입장의 기대와 요구가 쉽게 포기되지 않으며 포기했다 싶었다가도 다시 꿈틀거리며 되살아납니다. 하지만 기대를 접고 깨끗하게 포기하려는 노력이 계속되어야 합니다. 그게 아니면 상대방이 가지고 있는 매력은 물론이고 내가 바라는 점까지 모두 만족시킬 수 있는 다른 사람을 찾아 나서면 됩니다. 하지만 아마도 그런 사람은 없을 겁니다.

분열성 성격의 사람에게 효과적으로 대응하기 위한 핵심 솔루션

+ 솔루션 1. 상대방의 모습을 있는 그대로 존중하고 인정하기

1. 처음 만났을 때, 호감을 느꼈던 점들을 떠올려봅니다.

예) 처음 봤을 때, 나와는 달리 쿨하고 감정에 휘둘리지 않는 모습이 좋았음

2. 지금 불만인 점들이 초반의 호감과 연결된 것인지를 확인합니다.

예) 연인으로서 애정 표현이 너무 없고 나한테도 너무 쿨함

3. 혹시 불가능한 이상적인 기대를 하고 있는지 검토합니다.

예) 1, 2가 연결되어 있고 내가 너무 많은 걸 바라고 있음

+ 솔루션 2. 서로의 특성을 비교하기

	자기 분석	상대방 분석(관계: ___)
성격 특징	1. 사교적 2. 3.	1. 비사교적 2. 3.
인간관계 관심과 동기	ⓢ - 중 - 하	상 - ⓩ - 하
정서적 표현 수준	ⓢ - 중 - 하	상 - 중 - ⓗ
원하는 애정/ 연애 관계	1. 서로 달달, 애틋, 꽁냥꽁냥 2. 3.	1. 쿨하고 서로 지켜보는 것만으로도 족한 관계. 서로의 독립성을 보장 2. 3.

상대에게 바라는 점	1. 2. 3.	1. 2. 3.

〈작성 참고〉

1. 자기 분석 & 상대방 분석 : 아래 질문들에 나와 상대방에 대해 적어보세요. 상대방 분석은 반드시 상대방에게 확인합니다.

2. 성격 특징 : 본인과 상대방의 성격 특징을 3가지 이상 써보세요.

3. 인간관계 관심과 동기 : 인간관계에 대한 전반적인 관심과 동기 수준을 평가해 봅니다. 나중에 서로에게 자신이 생각한 것이 맞는지 확인합니다.

4. 정서적 표현 수준 : 자신의 감정을 느끼고 표현하는 수준과 패턴을 '표현적' vs '제한적' 차원에서 평가해 봅니다. 감정 표현이 풍부하고 다양한 면과 표현이 적고 힘든 부분을 평가해 봅니다.

5. 원하는 애정/연애 관계 : 나의 입장에서 원하는 애정 및 연애 관계를 쓰고, 내가 생각하는 상대방이 원하는 애정 및 연애 관계를 쓴 후 상대방에게 확인합니다.

6. 상대에게 바라는 점 : 내가 상대방에게 바라는 점과 상대방이 나에게 바랄 것 같은 점을 쓴 후 상대방에게 확인합니다.

+ 솔루션 3. 타협하고 조율한 이상의 것들은 깨끗하게 포기하기

솔루션 2에서 기록한 내용을 중심으로 타협 가능하거나 노력해 볼 수 있는 것들은 두고 타협이 불가한 것들은 과감히 포기합니다.

예시) 그래도 가끔은 속마음을 말로 표현해 주면 좋겠음 : 타협 가능한 요구

내 마음에 들 때까지 드라마나 영화에서 나오는 로맨틱한 사랑 고백을 해주면 좋겠음 : 타협 불가능한 무리한 요구 → 포기한다

내가 분열성 성격의 사람이라면 어떻게 해야 할까

내가 분열성 성격이라면 어떻게 해야 할까요? 다른 사람들과 갈등이나 문제를 최소화하면서 함께 어울릴 수 있는 방법들은 무엇일까요? 내가 분열성 성격인 것 같다면 다음의 사항들을 실천해 봅니다.

1 | 기본만 하면서 살자

아무리 인간관계에 관심이나 의지가 없다고 하더라도 혼자서만 살 수는 없습니다. 산속에서 혼자 지내는 자연인이거나 혼자 방에서만 틀어박혀 있는 은둔형 외톨이가 아니라면 최소한의 인간관계와 그 안에서 생기는 상호작용을 해야만 합니다. 인간관계나 사회생활에 대한 부담감이 클 때는 기본만 하고 산다는 생각으로 접근하는 것이 좋습니다. 사회생활에서 가장 필수적이고 기본적인 몇 가지만 하면서 살면 됩니다. 그 기본 중에는 정중한 거절도 포함됩니다. 내가 하기 싫거나 거절해야 하는 경우를 대비한 멘트를 미리 준비해 정중히 거절한다면 충분합니다. 꼭 그렇게 적극적으로 사람들과 관계나 교류를 하면서 살아야만 하는 것은 아닙니다.

2 | 모든 관계에는 의무와 책임이 따른다

일반적인 사회적 관계나 업무 상황은 그나마 대하기가 쉽습니다. 회사는 일하는 곳이기 때문에 일에 필요한 역할 정도만 하면 그 이상의 관계나 교류가 필수는 아니기 때문입니다. 그런데 연인이나 부부,

또는 가족과 같은 특별한 관계에서는 의무와 책임이 따릅니다. 그리고 의무와 책임에는 일반적이고 기본적 수준 이상의 정서적 교류도 요구됩니다. 그런데 모든 커플에 통용되는 정답이 있는 것은 아니며, 상대방의 요구와 기대도 매우 다릅니다. 따라서 미리 상대방의 요구를 파악하고 충분한 준비를 할 필요가 있습니다.

3 l 감정을 설명하고 표현하는 연습을 하자

대체로 분열성 성격은 감정을 인식하거나 표현하는 데 미숙하거나 불편해 합니다. 그런데 이런 무감정 & 무표현의 패턴은 반복될수록 더 심해집니다. 그래서 적절한 연습과 훈련을 통해 기본적인 감정 표현과 상대방이나 상황에 따른 감정적 상태를 표현하는 것이 필요합니다. 느껴지는 감정을 작게라도 표현하거나 어떤 감정인지 설명이라도 하려는 노력들이 쌓여야 합니다. 개선하기 위해서 노력하는 모습만으로도 충분히 관계가 좋아집니다.

분열성 성격인 사람들을 위한 핵심 솔루션

+ 솔루션 1. 기본만 하면서 살자

인간관계 상황	불편함/부담 수준	준비한 행동/멘트	거절 준비하기
회사에 출근했을 때, 사람들에게 인사하기	상 - 중 - ⑩	'안녕하세요?' 가벼운 목례 후 자리로 간다	필수 행동/ 거절하면 안 됨
점심시간에 같이 점심을 먹으러 가자고 한다	상 - 중 - 하		
저녁 회식을 하자고 한다	상 - 중 - 하		
	상 - 중 - 하		
	상 - 중 - 하		

〈작성 참고〉

1. 인간관계 상황 : 평상시 개인적 및 업무적 관계에서 불편함이나 곤란함을 느꼈던 상황을 써보세요.
2. 불편함/부담 수준 : 그 상황에서 느끼는 불편함이나 심리적 부담의 수준을 평가합니다.
3. 준비한 행동/멘트 : 무난하게 대처할 수 있는 말이나 행동에 대해 미리 준비한 내용을 써보세요.
4. 거절 준비하기 : 만약 거절해야 하는 상황이라면 어떤 식으로 거절하는 것이 가장 무난하고 상대방과의 문제도 없을지 미리 준비하여 써보세요.

+ 솔루션 2. 나와 상대방의 요구를 파악하고 분석하자

질문들에 대해 나와 상대방에 대해 써보세요. 상대방에 대해서 본인이 먼저 쓴 다음 반드시 상대방의 확인을 거칩니다.

	자기 분석	내가 쓰는 상대방 분석	상대방이 쓴 상대방 분석
성격 특징			
인간관계 관심/동기			
정서적 표현 수준			
원하는 애정/연애 관계			
상대방에게 바라는 점			

〈작성 참고〉

1. 성격 특징 : 나와 상대방의 성격 특징을 3가지 이상 써보세요.
2. 인간관계 관심/동기 : 인간관계에 대한 전반적인 관심과 동기 수준을 평가해 봅니다.
3. 정서적 표현 수준 : 자신의 감정을 느끼고 표현하는 수준과 패턴을 평가해 봅니다. 감정 표현이 풍부하고 다양한 면과 표현이 적고 힘든 부분을 평가해 봅니다.
4. 원하는 애정/연애 관계 : 나의 입장에서 원하는 애정 및 연애 관계와 내가 생각하는 상대방이 원하는 애정 및 연애 관계를 써보세요.
5. 상대방에게 바라는 점 : 상대방에게 타협 가능한 점을 써보세요.

+ 솔루션 3. 감정을 설명하고 표현할 수 있도록 준비하자

1. '내가 감정 표현이 좀 서투른데, 나름대로 설명을 해보자면….'
2. '내가 부족한 건 알아요! 그래도 열심히 개선해 보려고 노력 중이에요! 내 감정을 조금 더 잘 설명하고 표현하려고 노력 중입니다!'
3. '내가 표현이 서툴러서 그렇지, 우리 가족을 사랑하는 마음은 진심입니다!'
4. 기본적이고 자주 사용하는 감정 표현 연습 : '사랑해요! 감사해요! 고마워요! 오늘은 참 기분이 좋아요! 오늘은 참 행복하네요! 우리 가족이 함께 있으니 참 좋습니다!' 등

Part 4.

✳

평화로운
친구 사이를 위한
성격심리학

우리는 왜 친구 사이가 힘들까

커뮤니케이션과 관련된 주제로 강의할 때 가끔 이런 질문을 던지곤 합니다. '세상에서 제일 부담 없고 편안한 대화는 누구와의 대화일까요?' 이 질문에 가장 많이 나오는 대답은 '친구'입니다. 아마도 대부분의 사람들에게 친구란 가장 부담이 없으면서 편안하게 대할 수 있는 대상일 것입니다.

하지만 아무리 부담 없는 관계라도, 각자 나름대로 생각하는 친구에 대한 생각이나 기대, 요구 등은 천차만별입니다. 그리고 자신의 생각이나 기대 또는 요구에 따라서 매우 다르게 대하고 행동할 것입니다. 이처럼 인간관계 중 가장 포괄적이고 다양한 형태를 보인다는 점 때문에 친구 관계에서의 갈등이나 문제들이 자주 생기기도 합니다.

게다가 친구가 편하고 좋은 관계라고만 기대한다면 갈등이 생겼을 때 마음의 상처나 고통을 더 크게 받을 수도 있습니다. 특히 '도대체 저 친구는 왜 저러는 거야?'라는 생각이 들 정도로 내가 가지고 있는 상식이나 이해의 틀에서 벗어나는 친구라면 더욱 더 불편할 수밖에 없습니다. 그래서 친구 사이에서도 존중이 필요하며 신중하고 사려 깊은 관계를 맺을 필요가 있습니다. 이를 위해서는 친구의 성격을 이해하는 것이 중요합니다.

1 ✕ 사람을 원하지만 거절이 두려울 뿐 : 회피적 성격

"제가 제일 부러운 사람은 누구와도 잘 어울리는 친구들이에요. 정말 부러워요. 저는 친구가 거의 없어요. 그렇다고 해서 친구를 안 사귀고 싶은 건 아니에요. 저도 친구들을 많이 사귀고 싶고 그들과 어울리고 싶기도 합니다. 친구들과 관련된 좋은 추억도 많고 다시 그 즐거움을 느끼고 싶어요. 그런데 요즘은 막상 사람을 만나면 걱정부터 들어요. 친구들과 헤어지고 나면 제가 어떤 실수라도 하지 않았나 싶어요. 아니면 괜히 제가 싫거나 부담되는데도 억지로 저한테 맞춰주는 것은 아닐까. 여러 생각들에 복잡해져요. 물론 친구들은 아니라고는 하는데···. 그냥 저 상처받지 말라고 하는 소리 같고 점점 더 저를 부담스러워하는 거 같아요."

"참 착하고 좋은 친구인데, 좀 답답하다고 할까요? 아무튼 좀 이상해요. 매사에 자신감이 없고 특히 친구 관계에서는 더 그래요. 항상 미안하다는 말을 입에 달고 살고요. 큰 실수를 하지도 않았고, 괜찮다고 분명히 얘기를 했는데도 자꾸 미안하다고 해요. 그러니까 나중에는 제가 더 죄책감이 들어요. 그래서 지난번에는 결국 좀 짜증을 냈거든요. '아 정말! 너는 내가 괜찮다는데 왜 자꾸 그래?'라고 했더니 그 친구는 '그렇지? 내가 좀 사람을 짜증나게 하지? 나는 왜 그런지 모르겠다….'라고 하면서 결국 울더라고요. 제가 오히려 사과를 하게 되었다니까요. 참 매력 있고 좋은 친구인데 너무 답답해요. 그 친구는 대체 왜 그러는 거죠?"

나는 또는 그 사람은 회피적 성격의 사람인가

사례를 읽으면서 어떤 생각이 드셨습니까? '어, 나도 그런 것 같은데? 남들이 나를 회피적 성격의 사람으로 볼까?'라는 생각이 드셨나요? 또는 '아, 맞아. 바로 그 사람 얘기네! 그 사람이 바로 그래!'라는 생각이 드셨나요? 나 자신 또는 다른 사람의 회피적 행동에 대해서 객관적으로 평가해 보세요.

스스로의 행동 평가해 보기

각 문항에 대하여 상(3점) - 중(2점) - 하(1점)으로 평가한 후 점수를 합산해 보세요.
합이 12점 이상이면 '(남들이 보기에) 회피적 성격의 사람으로 보여질 수 있음'입니다.

1. 나는 사람들이 많은 곳에 가면 긴장된다	상 - 중 - 하
2. 사람들이 나를 싫어할까 봐 걱정이 많다	상 - 중 - 하
3. 나는 인간관계에 자신감이 떨어진다	상 - 중 - 하
4. 사람들이 나를 안 좋게 생각할 것 같다	상 - 중 - 하
5. 걱정이나 염려 때문에 인간관계를 피하게 된다	상 - 중 - 하

다른 사람의 행동 평가해 보기

각 문항에 대하여 상(3점) - 중(2점) - 하(1점)으로 평가한 후 점수를 합산해 보세요.
합이 12점 이상이면 '회피적 성격의 사람일 가능성이 높음'입니다.

1. 그 사람은 자신감이 부족해 보인다	상 - 중 - 하
2. 그 사람은 인간관계에서 소극적이다	상 - 중 - 하
3. 그 사람은 안 좋은 평가에 예민하다	상 - 중 - 하
4. 그 사람은 본인에 대한 부정적인 언급이 많다	상 - 중 - 하
5. 그 사람은 지나치게 자신을 낮추려고 한다	상 - 중 - 하

대체 저 사람은 왜 저렇게 주눅 들어있는 걸까

회피적 성격은 우리 주변에서 자주 볼 수 있는 성격입니다. 인간
관계에서 너무 조심하고 신중하며, 적극적으로 나서지는 않지만 항
상 함께하려는 조용한 사람들이 있습니다. 조금만 실수나 잘못을 해
도 과하게 사과하거나 지나치게 미안해하는 사람들이 있습니다.

그런데 이들은 겉으로 보기와는 달리 상당한 스트레스와 불편한

감정을 겪는 경우가 많습니다. 인간관계에 자신감이 떨어지는 편으로 사람들이 자신을 좋게 볼 것이라고 기대하기보다는 안 좋게 볼 것이라고 걱정합니다. 그래서 사람들과 좋은 관계를 맺고 싶어함에도 불구하고 관계를 즐기거나 만족하지 못하고 긴장부터 합니다.

1 | 남들에게는 좋은 사람, 본인은 힘든 사람

회피적 성격은 전형적으로 남들은 크게 힘들게 하지 않으면서 본인 스스로는 힘들어하는 성격입니다. 남들이 보기에는 별다른 문제가 없고 오히려 착하고 좋은 사람으로 평가받는 경우가 많습니다. 심한 경우에는 '굳이 저렇게까지 안 해도 되는데…' 싶기도 합니다.

이 사람들은 타인에게 피해를 끼치거나 불편함을 주지 않습니다. 때로는 필요 이상으로 과하게 정중하고 예의 바르며 힘들어 보일 정도로 신중하고 조심스럽습니다. 하지만 별로 눈에 띄는 사람도 아니고 존재감이 적어서 사람들의 신경에 거슬리지도 않습니다. 평소에는 드러내지 않아서 잘 몰랐던 탁월한 능력이나 재능을 보여서 주변 사람들을 깜짝 놀라게 하는 일도 생깁니다. 그런 경우 사람들이 '오~ 이런 면이 있었어? 대단하네!' 등과 같은 칭찬이나 감탄을 하면 어쩔 줄 몰라 하며 '아니에요. 우연히 그렇게 된 거예요. 과찬이세요.' 등으로 자신을 낮추기도 합니다.

이처럼 타인에게는 대체로 큰 존재감이 없고, 조용하지만 좋은 사람이라는 평가를 받음에도 불구하고 스스로에게는 상당히 부정적입니다. 전반적인 자기존중감이 낮은 편이며, 어떤 일을 해도 자신감이 부족하여 적극적으로 행동하지 못하는 경향을 보입니다. 특히 인간관계에서의 자기존중감이 낮습니다. 사람들과 관련된 일에서는 상당한 긴장과 스트레스를 겪으며, 사람들이 자신을 좋아하지 않을 것 같다는 부정적인 생각을 많이 하는 편입니다. 그래서 인간관계에서 수동적으로 행동하며, 사람들에게 주목받는 큰 행동을 하지 않습니다.

2| 거절 당할까 봐 무서워요

회피적 성격에서 가장 뚜렷하게 나타나는 특징은 '거절에 대한 두려움'입니다. 여기서 말하는 거절이란 비난이나 반감 같은 강하고 뚜렷한 거절뿐 아니라 다른 사람이 자신을 받아들이지 않는 태도와 행동까지 모두 포함하는 것입니다. 단순히 '싫어!'하는 명백하고 구체적인 수준의 거절을 넘어서는, 자신에 대한 미묘하게 부정적인 태도들도 포함합니다. 거절을 당하는 것은 누구에게나 불편하고 무서운 일이지만 이들은 거절에 특히 예민해서 다양한 문제들이 생깁니다.

거절에 대한 두려움 때문에 생기는 대표적인 문제는 '인간관계 회피'입니다. 사람들과 잘 지내고 싶은 마음은 있지만 관계를 형성하고 유지하며 관리하는 데 자신감이 부족한 것이 문제입니다. 사람들과 어울리면서 즐거움과 만족을 얻기보다는 거절을 당할 것이라고 생각하기 때문에 선뜻 관계를 맺지 못합니다. 마치 공부도 제법 하는 친구가 시험 결과가 나쁘게 나올까 봐 너무 심하게 걱정하여 결국 시험을 망치는 것과 비슷한 과정입니다.

'거절에 대한 두려움'과 그로 인한 '인간관계 회피'는 낮은 자기 존중감이 원인입니다. 근본적으로 이들은 객관적인 자신의 수준에 비하여 스스로를 낮게 평가하고 부정적으로 생각하는 경향이 강합니다. 이 때문에 사람들과 적극적이고 긍정적인 상호작용을 하지 못합니다. 이들이 문제가 있거나 못난 사람이 아닌 경우가 대부분이며, 남들은 오히려 좋은 사람이라고 생각하거나 긍정적인 피드백을 많이 하는 편입니다. 그런데 정작 본인이 그렇게 생각하지 않습니다.

3 | 나는 정말 별로인 사람이야

회피적 성격은 사회적 관계 속에서 남에게 피해를 주거나 불편하게 하는 일이 없습니다. 일상에서는 정중하고 예의 바르며, 조심스럽고 신중하게 행동합니다. 혹시라도 다른 사람에게 부탁해야 할 경우에는 아주 정중하고 조심스러운 태도로 '죄송한데, 이것 좀 부탁드려도 될까요?'라는 투로 말하기 때문에 도와줄 마음이 없다가도 생길 정도입니다. 또는 다른 사람에게 사소한 불편함을 주었을 경우에도 '앗! 죄송해요. 다음부터 조심할게요.'등과 같은, 약간은 과해 보이는 신속한 사과를 해서 사람들로 하여금 '괜찮아요! 뭘 이 정도로. 신경 쓰지 않으셔도 돼요.'라는 포용적인 반응을 불러옵니다.

보통 직장이나 개인적 관계에서도 '좋은 사람'이라는 평가를 받을 뿐 아니라 최소한 '괜찮은 사람' 정도의 평가는 충분히 받을 수 있습니다. 만약 이들을 크게 윽박지르거나 비난하는 사람이 있다면 그 사람의 성격에 문제가 있을 가능성이 큽니다. 왜냐하면 회피적 성격의 조심성은 그렇게 큰 비난거리 자체를 만들지 않기 때문입니다.

그런데 문제는 본인이 그렇게 생각하지 않는다는 점에 있습니다. 여러 번 강조해도 지나치지 않을 정도로 '좋은 사람'이지만 본인 스스로는 '좋지 않은 사람'이라고 생각합니다. 게다가 자신에 대한 부정적인 평가는 상당히 정교하고 체계적입니다. 그래서 타인들이 긍정적인 평가를 해도 '사람들이 나를 잘 몰라서 그래. 더 깊이 알고 나면 나를 싫어하게 될 거야.' 같은 생각을 합니다. 더 심한 경우에는 '알고 보니 내가 이렇게 사람들을 속이는 사람이구나, 정말 완전히 이중적인 인간인 것 같다.' 같은 뿌리 깊고 정교한 자기 비하를 반복합니다.

4 | 난 뭘 해도 안되는 사람이니까

그렇다면 이들의 '낮은 자기존중감'이나 '정교한 자기 비하'는 어디에서부터 나온 것일까요? 그 이유는 다양합니다. 어린 시절, 부모로부터 비판적이고 부정적인 평가를 많이 받아 생긴 경우도 있습니다. 또는 성격이 너무 예민해서, 특히 부정적인 측면에 더 예민하던 습관이 굳어진 경우도 있습니다. 과거에 인간관계에서 부정적인 상처를 받아서 생기기도 합니다.

굳이 그 원인을 따지는 이유는 어떤 원인으로 이런 성향이 되었는지에 따라 치료나 해결 방법이 다르기 때문입니다. 어린 시절의 경험, 특히 부모와 관련된 문제라고 판단되는 경우와 트라우마의 경우는 해결 방법이 다릅니다. 트라우마의 경우에는 이를 해결하면 비교적 쉽게 치료됩니다. 게다가 본인은 트라우마로 느끼지만 실제로는 트라우마 수준이 아닌 경우도 흔히 볼 수 있습니다. 반면 부모와 관련된 문제인 경우라면 그 뿌리도 깊고 치료에도 상당한 시간이 걸립니다.

문제는 낮은 자기존중감과 자신감 부족이 치료나 개선에 대한 태도에도 반영된다는 점입니다. 상담이나 심리 치료를 통해서 성격이나 문제들이 개선되어 더 나은 삶을 살아갈 수 있을 것이라는 희망보다는 '노력한다고 되겠어? 나는 뭘 해도 안돼.' 같은 부정적인 태도들이 더욱 강합니다. 그래서 적극적으로 치료에 임하지 않거나 나아지려고 노력하지 않아 결국 치료도 잘 이루어지지 않습니다.

선순환을 통한 자기존중감의 향상이 필요하다

누구에게나 건강한 자기존중감은 중요합니다. 이는 나를 받쳐주는 심리적 기반이며, 적극적이고 자신감 있게 행동할 수 있는 근원이 됩니다. 든든한 심리적 기반과 자신감은 인간관계나 업무에서 긍정적인 결과들을 만들고, 이런 긍정적인 결과들이 다시 자신의 자기존중감을 더욱 강화해 주는 선순환을 가져옵니다.

마찬가지로 지나치게 낮은 자기존중감 때문에 적극적으로 노력하거나 행동하지 않아서 실제로 좋은 성과가 나지 않고, 그래서 자기존중감이 더 떨어지는 악순환도 반복됩니다. 회피적 성격은 인간관계에 자신감이 부족하기 때문에 사람들과의 관계에서 긴장하고 위축되는 경우들이 많습니다. 그래서 관계의 질이 낮아지거나 좋은 결과를 만들지 못하는 경우가 흔합니다.

'타인들에게는 절대 해를 끼치지 않는 좋은 사람'이라는 객관적 평가를 시작으로 다른 좋은 평가들을 차곡차곡 쌓아서 나 자신에 대한 생각을 매력과 장점을 가진 사람으로 바꿔가야 합니다. 조금씩 자신에 대한 균형적인 평가와 생각을 쌓아 자기존중감을 재구성해 간다면 자신의 능력과 자질을 좀 더 당당하게 드러낼 수 있고 결국 숨겨진 보석과 같았던 자신의 매력들을 한껏 드러내는 것이 가능해집니다.

회피적 성격의 사람들을 어떻게 대해야 할까

내 주변에 회피적 성격의 사람이 있다면 어떻게 대처해야 할까요? 그 사람들을 어떻게 이해하고 받아들여야 할까요? 최대한 문제가 안 생기면서도 잘 지내는 방법은 무엇일까요? 내 주변 사람이 회피적 성격인 것 같다면 다음의 사항들을 주의합니다.

1 | 장점에 대해서 분명하게 언급하자

회피적 성격의 사람은 자신의 장점에 대해서는 과소평가하고 단점에 대해서는 과대평가하는 경향이 뚜렷합니다. 그래서 장점에 대해서는 분명하고 단호하게 전달하면서 이를 쌓아나갈 수 있도록 도와주고 단점에 대해서는 최대한 언급하지 않아야 합니다. 보통 8:2, 9:1 정도의 비율로 접근하면 좋습니다.

2 | 지나친 사과는 중단시키자

회피적 성격의 사람은 거절에 대한 두려움이 강하며 자존감이 낮아서 사소한 실수나 잘못에도 지나치게 사과하는 경우가 많습니다. 상대방의 마음이 안 풀렸다고 생각하면 사과를 계속 반복하기도 합니다. 이렇게 지나치게 사과하는 경우에는 이를 중단시키는 것이 그들을 도와주는 좋은 방법입니다. '그 정도 사과면 충분해. 이제 그만!' 이 정도로 간단하게만 언급해도 충분합니다.

3 | 솔루션을 꾸준히 반복하자

회피적 성격의 낮은 자기존중감이나 인간관계를 두려워하고 긴장해서 생긴 심리적 위축은 생각보다 뿌리가 깊습니다. 그래서 한두 번의 피드백으로 개선될 것이라고 기대해선 안 됩니다. 그들이 습관적으로 사과하고 자신을 낮추는 것처럼 그들의 장점을 언급하고 '이제 그만!'이라고 말해주는 행동 역시 습관적으로 반복하는 마음으로 하면 됩니다. '가랑비에 옷 젖듯이' 그들의 자신감은 조금씩 나아질 것이며, 장기적으로 당당하게 자신감을 가지고 사람들을 대하는 데 반드시 도움이 될 것입니다.

+ 솔루션 1. 장점을 분명하게 언급하자

상대방에게 할 수 있는 장점 또는 칭찬을 3~5가지 정도 미리 준비합니다.

'너는 참 좋은 사람인 것 같애', '네가 다른 사람들에게 피해 주는 걸 본 적이 없어', '어쩜 그렇게 성격이 좋니?' 등

장점 1. _____

장점 2. _____

장점 3. _____

장점 4. _____

장점 5. _____

+ 솔루션 2. 지나친 사과는 중단시키자

'미안, 내가 또 너무 많이 사과해서 너 불편하게 했지? 미안해.'라고 또 사과한다면 중단 시킬 수 있는 표현을 미리 준비합니다.

1. '응, 이제 됐어! 그 정도면 충분해! 그만!'

2. '아니야, 불편한 거 아니니까 그만해, 그 정도만 해도 충분해! 그만!'

+ 솔루션 3. 솔루션을 꾸준히 반복하자

솔루션 1과 2를 포기하지 말고 반복합니다. 꾸준한 반복을 통해 그들의 자신감을 키워줄 수 있습니다.

내가 회피적 성격이라면 어떻게 해야 할까

내가 회피적 성격이라면 어떻게 해야 할까요? 다른 사람들과 갈등이나 문제를 최소화하면서 함께 어울릴 수 있는 방법들은 무엇일까요? 내가 회피적 성격인 것 같다면 다음의 사항들을 실천해 봅니다.

1 | 자신에 대해 객관적으로 평가하자

어떤 사람이라도 장단점이 있습니다. 스스로 생각하는 장점과 단점이 있고, 다른 사람들이 말해주는 부분도 있습니다. 그래서 나 자신의 장점과 단점을 체계적으로 정리해 보는 것은 항상 도움이 됩니다. 스스로 긍정적이라고 생각하는 부분이나 또는 다른 사람들이 긍정적으로 말해준 부분이 있다면 이를 기록하고 정리하는 것이 필요합니다. 또한 나 스스로 단점이라고 생각하는 부분이나 다른 사람들이 불평이나 불만을 표현했던 점들이 있다면 그것 역시 정리하고, 체계적으로 고쳐나가려는 노력이 필요합니다.

2 | 장단점의 양을 비교하자

자신의 특징과 장단점에 대해서 정리를 했다면 이를 보다 구체적으로 분석하는 것이 필요합니다. 그 방법은 전체적인 양을 비교하는 것입니다. 장점을 많이 적었는지, 단점을 많이 적었는지 비교하고 장단점을 내가 생각한 것인지 남들이 말해준 것인지를 구분하는 것도 중요합니다. 그래서 내가 스스로 생각하는 장점과 다른 사람이 생각하는 장점을 서로 비교할 수 있어야 합니다. 또한 다른 사람들이 생각하는 단점과 내가 생각하는 단점도 비교해 봅니다. 이를 정리해서 비교해 보면 나 자신에 대한 생각과 세상이 나를 보는 인식과 관점을 비교적 객관적으로 볼 수 있습니다.

3 | 긍정적인 측면과 부정적인 측면을 함께 고려하자

마지막으로 시도해 볼 것은 장점이 가지고 있는 단점과 단점이 가지고 있는 장점도 생각해 보는 것입니다. 예를 들어 활동적이고 적극적이라는 장점은 세세한 것에 집중하지 못하고 생각을 덜 하는 단점이 될 수도 있습니다. 또는 말이 없고 조용한 성격이란 단점은 차분하고 진지하다는 장점이 될 수 있습니다. 이처럼 자신의 장점과 단점이 가지는 반대 측면을 정리해 본다면 보다 객관적으로 자신에 대하여 분석할 수 있습니다.

+ 솔루션. 나의 장점과 단점을 정리하자

표를 활용하여 내가 생각하는 나의 장단점, 타인들이 생각하는 나의 장단점을 정리합니다.
그리고 장점에 대해서는 그에 맞는 단점을, 단점에 대해서는 그에 맞는 장점을 정리합니다.

나의 장점		
내용	출처	단점
신중함	㉯ / 타인	속도가 느림
	나 / 타인	
	나 / 타인	
	나 / 타인	

나의 단점		
내용	출처	장점
자신감이 낮음	㉯ / 타인	겸손함, 항상 배우려고 함
	나 / 타인	
	나 / 타인	
	나 / 타인	

〈작성 참고〉

1. 나의 장점/단점 : 자신의 장점과 단점을 3가지 이상 써봅니다.
2. 출처 : 나의 생각인지 또는 타인의 생각인지도 체크합니다. 물론 둘 다 체크할 수도 있습니다.
3. 장점을 적었다면 그 다음에는 그 장점이 가질 수 있는 단점도 함께 써보세요. 반대로 단점을 적었다면 그 단점이 가질 수 있는 장점에 대해서도 써보세요.

2 ✕ 너는 친구가 나밖에 없니 :
의존적 성격

"저는 고민이 많아요. 그냥 세상일이 다 그래요. 대체 어떻게 하는 게 좋을지 잘 모르겠어요. 물건 하나를 사더라도 사고 나면 자꾸 후회를 해요. 심지어 다른 것은 더 심해요. 오늘은 무슨 옷을 입을지, 잘 입은 건지, 사람들이 저를 좋아하는 건지, 싫어하는 건지…. 세상살이 모두가 다 고민이에요. 그럴 때면 누군가가 저에게 이렇게 하면 된다고 확신을 주면 좋겠다는 생각을 해요. 그럼 계속 고민할 필요가 없잖아요. 물론 아무나 믿자는 건 아니에요. 정말 제가 믿고 의지할 수 있는 사람이 있다면, 그 사람 말은 가능하면 다 들으려고 해요. 어릴 때는 엄마가 시키는 대로만 살면 모든 문제가 간단히 해결되는 것처럼요. 그렇게 저를 잘 알고 아껴주는 누군가가 저의 길을 리드해 주면 좋겠어요."

"솔직히 말해도 되나…. 얘는 좀 사람을 질리게 하는 게 있어요. 물론 누군가가 저를 의지하고 믿고 신뢰하는 건 좋은 일이죠. 그런데 얘는 좀 심해요. 그래서 상당히 부담스럽기도 하고, 때로는 질린다는 생각이 들 정도로 압박감을 주기도 해요. 이제 어른이고 자기 생각대로 알아서 살아가면 되잖아요. 그런데 제가 부모도 아니고…. 처음에는 사이가 좋았어요. 저도 그 친구가 맘에 들었고 그 친구도 저에게 호감을 가지고 있었으니까요. 그런데 시간이 지나면서 저에게 너무 집착한다는 느낌이 들더라고요. 허락을 구하듯이 누구를 만나도 되냐고 묻는 것은 그럴 수도 있다고 치죠. 그런데 본인 옷 입은 것이 어떤지, 어떤 물건을 사야 할지, 자기가 잘하고 있는지 끝도 없이 확인을 구할 때면 너무 질려요. 너무 힘들어서 제발 그러지 말라고 적당한 거리를 유지하자고 했더니 거의 세상을 다 잃은 사람처럼 슬퍼했는데…. 그런데 보니까 그다음 주부터는 제 친구 수빈이한테 다시 그러더라고요. 아, 수빈이 불쌍하다…. 그래도 저는 해방되었어요!"

나는 또는 그 사람은 의존적 성격의 사람인가

사례를 읽으면서 어떤 생각이 드셨습니까? '어, 나도 그런 것 같은데? 남들이 나를 의존적 성격의 사람으로 볼까'라는 생각이 드셨나요? 또는 '아, 맞아. 바로 그 사람 얘기네! 그 사람이 바로 그래!'라는 생각이 드셨나요? 나 자신 또는 다른 사람의 의존적 행동에 대해서 객관적으로 평가해 보세요.

스스로의 행동 평가해 보기	
각 문항에 대하여 상(3점) - 중(2점) - 하(1점)으로 평가한 후 점수를 합산해 보세요. 합이 12점 이상이면 '(남들이 보기에) 의존적 성격의 사람으로 보여질 수 있음'입니다.	
1. 누군가가 나를 돌봐주었으면 한다	상 - 중 - 하
2. 나는 내 의사결정에 자신감이 없다	상 - 중 - 하
3. 나는 믿고 의지할 사람이 없으면 매우 불안하다	상 - 중 - 하
4. 나는 다른 사람의 의견을 자주 묻는다	상 - 중 - 하
5. 누군가가 나에게 확신을 주면 마음이 편해진다	상 - 중 - 하

다른 사람의 행동 평가해 보기	
각 문항에 대하여 상(3점) - 중(2점) - 하(1점)으로 평가한 후 점수를 합산해 보세요. 합이 12점 이상이면 '의존적 성격의 사람일 가능성이 높음'입니다.	
1. 그 사람은 스스로 결정하지 못하는 것 같다	상 - 중 - 하
2. 그 사람은 자주 도움을 요청한다	상 - 중 - 하
3. 그 사람은 자기 행동이나 판단을 확인받으려 한다	상 - 중 - 하
4. 그 사람이 나에게 너무 의지하는 것 같아 부담스럽다	상 - 중 - 하
5. 그 사람이 나에게 매달린다는 느낌을 자주 받는다	상 - 중 - 하

대체 저 사람은 왜 저렇게 귀찮게 하는 걸까

최근 근무형태가 다양해졌습니다. 그 중 대표적인 것이 재택근무입니다. 재택근무는 직원들이 각자 다른 장소에서 업무를 수행하며, 업무상 교류나 소통은 화상이나 전화와 같은 비대면 방식으로 이루어집니다. 예전에는 회사로 출근해서 모두 같이 근무하는 것이 당연한 것으로 여겨졌지만, 이제는 재택근무도 보편적인 근무 방식 중 하나가 되었습니다. 그렇다면 당신은 어떤 근무 방식을 선호합니까? 상황 차이를 제외하면 재택근무에 대한 만족도나 효율성을 결정하는 핵심적인 요인은 바로 '성격'입니다.

과업 중심적인 사람들은 재택근무로 인한 부정적인 효과가 상대적으로 적습니다. 업무의 내용에 초점을 두고 이를 전달하는 형식이나 방법, 즉 관계에는 영향을 덜 받기 때문입니다. 반면에 관계 중심적인 사람들은 재택근무로 상당한 스트레스를 겪습니다. 이들에게는 업무 자체도 중요하지만 그것이 이루어지는 형식인 관계도 중요하기 때문입니다.

관계 중심적인 사람들은 업무에 필요한 최소한의 관계를 넘어서는 인간적인 교류나 소통도 업무만큼이나 중요하게 생각합니다. 또한 그 안에서 경험하는 희로애락 자체에 의미와 가치가 있다고 생각합니다. 그 과정에서 도움을 주고받는 행동 등을 통해 더욱더 돈독해지고 굳건해지는 느낌을 소중하게 생각하기도 합니다. 그래서 이들에게 재택근무는 외롭고 심심하며, 집중력이나 효율성마저도 떨어지는 방식입니다. 관계 중심적인 사람들 중에서도 재택근무를 가장 힘들어하는 사람들이 바로 '의존적' 성격을 가진 사람들입니다.

1 | 의존은 인간의 본능이에요

의존은 가장 기본적인 인간의 본능 중 하나입니다. 인간은 다른 동물에 비하여 미숙한 상태로 태어나기 때문에 다른 사람의 절대적인 돌봄과 지원이 없다면 생존 자체가 불가능합니다. 유아기나 아동기까지는 여러 측면에서 양육이 필요하며, 그 이후에도 스스로 독립이 가능할 때까지는 다양한 형태의 의존이 필요합니다. 나이를 먹어도 부모로부터 경제적인 지원이나 정서적인 지원이 필요할 수도 있습니다.

그렇다면 의존이 필요 없어지는 진정한 독립은 어떻게 올까요? 진정한 독립은 절대 오지 않습니다. 상대적인 독립은 있을 수 있지만, 아예 산골짜기에 들어가서 혼자 사는 '자연인' 정도가 아니라면 절대적인 독립이란 없습니다. 더 정확히 표현하자면 부모로부터 독립하는 대신에 또래 집단이나 주변의 다양한 관계로 의존의 형식이 바뀐다고 볼 수 있습니다. 의존과 독립의 중요도나 비중이 바뀌는 것이지 절대적이고 완벽한 독립은 없다고 보는 것이 맞습니다.

예를 들어 청소년이 되면 1차적인 독립 시기가 찾아옵니다. 그동안 절대적으로 의존했던 부모의 결정이나 의견에 반기를 들면서 소위 '중2병'이라고 하는 현상이 생깁니다. 부모의 권위에 대항하며 갈등을 일으키는 질풍노도의 시기를 겪으면서 스스로의 주체성과 독립성을 찾아갑니다. 본인의 의지나 요구에 따라 움직이려고 하고, 부모의 통제나 간섭을 거부하는 경향이 높아집니다. 그런데 이것은 부모로부터의 진정한 독립이라기보다는 부모에 대한 의존이 또래 집단으로 옮겨간다는 것이 더 정확한 표현입니다.

청소년기를 지나 어른이 되어 직업을 가지고 충분한 경제적 능력까지 가진다면 굳이 부모에게 크게 의존할 일이 없어집니다. 부모와의 관계는 정서적인 교류와 상호작용 수준의 의존에 불과하며 그 때부터는 알아서 독립적으로 살아가는 인생처럼 보입니다. 하지만 사실은 배우자나 회사 동료, 친구 등 다른 사람들에게로 의존이 분산되는 것입니다. 이 과정을 통해 우리는 다양한 사람들에 대한 건강한 의존을 발달시키게 됩니다.

2 | 처음에는 착한 사람 같아서

의존성과 독립성은 둘 다 우리가 인생을 사는 데 필요한 것임에는 틀림없습니다. 이 둘은 양면적이어서 독립성이 높으면 의존성이 낮고, 의존성이 높으면 독립성은 낮아집니다. 이 둘이 얼마나 균형과 조화를 이루는가에 따라서 건강한 의존성이 되기도 하고 항상 불안과 긴장 속에서 살아가는 병적인 의존성이 되기도 합니다.

의존적 성격의 사람들은 독립성에 비해 의존성이 지나치게 강합니다. 다른 사람의 보호나 도움이 중요하며 보살핌이나 지지를 충분히 받을 때 마음의 안정을 얻습니다. 일할 때도 상사나 동료의 확인과 보장을 필요로 하며, 혼자서 일하거나 독자적으로 의사결정을 하는 경우에는 자신의 판단에 확신이 부족하기 때문에 불안해합니다. 그래서 의존적 성격의 사람들에게 재택근무는 최악인 것입니다.

의존적인 사람들은 보통 다른 사람들에게 협조적이고 우호적이며 다른 의견에 개방적인 것으로 보입니다. 그래서 조화롭고 타협을 잘하는 우호적이고 협력적인 사람으로 보입니다. 회사에서도 상사의 의견을 잘 따르고 수용하는 착한 팀원, 동료들 사이에서도 착한 동료로 불리는 경우가 많습니다. 그런데 좀 더 가까운 사이가 되어 의존도가 높아지기 시작하면 착한 사람이 아니라 혼자서는 아무것도 할 수 없는 아주 성가시고 귀찮게 하는 사람으로 느껴질 수 있습니다.

3 | 의존도 정도껏 해야지

우리는 평생 어떤 방식으로건 의존을 하면서 살아갑니다. 그런데 나이나 상황에 따라서 의존의 형태와 내용은 달라집니다. 초등학교 1학년 자녀가 엄마한테 '엄마, 나 오늘 무슨 옷 입어?'라고 묻거나 학교에서 했던 일을 수다스럽게 얘기하면서 '나 잘했어?'라고 묻는 것은 당연하고 자연스러운 행동입니다. 어른이 되어서도 중요한 이직을 결정할 때면 선배나 전문가에게 '의존'하여 상의를 하고 합리적인 의사결정을 하기 위해 노력하기도 합니다. 노년이 되어서 자식에게 의지하는 것 또한 당연하고 자연스러운 현상입니다.

40세 직장인이 오늘 어떤 옷을 입을지를 고민하면서 배우자에게 '나 오늘 이 옷 입어도 돼? 괜찮아 보여?'라고 질문하는 것은 이상하지 않습니다. 회사에서도 자신이 만든 중요한 기획안에 대해서 '이거 어때요? 한번 봐주실래요? 큰 문제 없을까요?'라고 의견이나 피드백을 구한다면 그 또한 적절한 행동일 수 있습니다. 때로는 매일매일 선택해야 하는 점심 메뉴 고민 때문에 '아, 정말 매일 고민이네. 누가 점심 메뉴를 매일 결정해 주면 좋겠다.' 라고 바라는 마음도 이상하지 않습니다.

그런데 배우자가 '파란색이 옷이 낫네! 오늘은 그거 입어!'라고 말해줄 때까지 스스로 판단하지 못하여 출근을 못 한다면 이는 아주 이상합니다. 또는 자신의 기획안에 대한 피드백을 다른 사람에게만 의지하여 '그럼 이거는 어떻게 하면 좋을까요?'라고 계속 물으며 하루 종일 따라다니는 것은 이상한 행동입니다. 게다가 가끔이 아니라 매일 '나 오늘 점심 뭐 먹지? 뭐 먹는 게 좋을까?'라고 주변 사람에게 확인하고 결정한다면 이는 아주 이상해 보입니다.

4 | 독립과 의존을 반반으로!

의존성이 적은 독립적인 성격의 사람들은 혼자서 판단하고 수행하는 독자적인 행동 능력이 우수합니다. 그리고 자신이 맡고 결정한 일에 대해서는 자율성을 가지고 스스로 책임지고 감당해 냅니다. 또한 자신이 맞다고 생각하는 일에 대해서는 갈등이나 대립이 예상되더라도 이를 관철하여 성과를 만들어내고자 합니다.

그런데 의존성이 높은 경우에는 독립적인 의사결정이나 업무 수행에서 어려움을 겪습니다. 누군가의 지시에 맞춰 행동하는 능력은 우수하지만 확신과 자신감을 바탕으로 하여 상황을 주도하고 사람들을 리드하는 능력은 부족합니다. 또한 의존을 위해서는 다른 사람들과 좋은 관계를 맺어야 하기 때문에 갈등이나 대립이 예상되면 자기주장을 하기보다는 타협을 하며 상대방에게 맞추려고 합니다.

그렇다면 과연 독립적인 성향이 좋은 것이고, 의존적인 성향은 문제가 있는 것일까요? 그렇지 않습니다. 독립적인 성향이 너무 뚜렷하면 자기주장이 너무 강하여 다른 사람들과의 마찰과 갈등이 심해집니다. 더불어 타인의 의견을 경청하거나 반영하지 않는 고집스러운 행동을 보이는 경우들도 많습니다. 즉, 어떤 것이 옳고 잘못되었다고 판단하는 것은 무의미하며, 독립성과 의존성 사이의 적절한 균형을 가지는 것이 중요할 뿐입니다.

5 | 인정과 확인이 필요해요

실제로 의존적인 성격의 사람이라고 해도, 다른 사람의 의견을 100% 받아들이는 것은 아닙니다. 속으로는 아니라고 생각하거나 불만이 있음에도 불구하고 상대방이 원하기 때문에 내가 원하는 것을 포기하고 동의해 주는 것입니다. 그러니 그 속은 얼마나 답답해서 문드러질까요? 절대로 마음이 편안할 수 없습니다.

의존적인 성격의 사람들은 인간관계에 수용성이 높고 긍정적인 태도를 가지고 있는 경우들이 많습니다. 또한 일하는 능력이 떨어지는 것도 아닙니다. 그들에게는 '너는 내가 책임질게!'라는 상대의 보장과 '잘했네! 이렇게 하면 돼! 제대로 한 거 맞아!'라는 믿을만한 사람의 확인이 필요할 뿐입니다.

즉 객관적 능력 문제가 아니라 심리적 문제일 뿐입니다. 거의 같은 수준의 작업과 업무를 완수해 놓고도 누군가 확인하고 인정해 주는 것과 그렇지 않은 경우는 이들에게 천지 차이입니다. 본인 스스로 좋은 결과를 만들어내고도 만족감이나 성취감을 가지지 못합니다. 대신에 자신이 의존하는 대상이나 권위자가 결과를 검증하고 확인해 줄 때 비로소 안도하며 성취감을 가지는 것입니다. 자신의 행동에 대한 스스로의 태도가 문제이므로 자신감과 건강한 독립성을 바탕으로 스스로에게 확신을 가지는 것이 필요합니다.

스스로의 가치와 자신감을 높이자

의존적 성격의 사람들을 상담하거나 심리 치료하는 경우에 다음과 같은 대화를 자주 하게 됩니다.

상담자 : 본인이 생각하기에 스스로가 얼마나 좋은 사람인지 점수를 준다면 몇 점이나 줄 거 같아요?

내담자 : 글쎄요, 한 50점?

상담자 : 왜 50점밖에 안 되죠?

내담자 : 그냥 제 친구들이 저를 그 정도로 생각할 거 같아요.

상담자 : 친구들이요? 그럼 본인은요? 본인 스스로는 몇 점 정도 될 거 같아요?

내담자 : 글쎄요, 잘해야 50점?

상담자 : 그러니까 결국 친구들이 50점 정도 줄 것 같다고 생각이 들어서 50점이란 말이에요?

내담자 : 네, 그렇죠. 더 낮으려나? 한 번도 물어본 적은 없어요.

상담자 : 만약에 친구 중에 불편함은 거의 주지 않고, 착하고 편안하며, 일이 있을 때면 흔쾌히 도움을 주는 친구가 있다면 몇 점 정도 줄 거 같아요?

내담자 : 어휴, 그 정도면 최소한 80점은 되겠죠!

상담자 : 본인이 주변 친구들에게 불편함을 주나요? 친구들이 본인에게 착하고 편한 친구라고 한다면서요? 그리고 도움이 필요한 친구에게는 도움을 주려고 노력하지 않나요?

내담자 : 저도 그렇기는 하죠. 그런데 그건 남의 얘기고요.

상담자 : 본인이 생각하기에 80점 정도라면서요? 그럼 다른 친구들도 본인을 80점 이상으로 평가하지 않을까요?

내담자 : 맞는 말이기는 하네요. 최소한 60이나 70점은 될 수도 있겠네요.(미소)

이들은 객관적으로 볼 때는 착하고 순한 성격에 조화와 타협을 중시하는 좋은 사람들입니다. 다만 치명적인 문제는 바로 스스로의 생각이나 행동에 확신과 자신감이 없는 것입니다. 같은 결과를 놓고도 자신의 판단에 대해서는 신뢰하지 않는 반면에 자신이 의지하는 사람의 판단과 피드백에 의존합니다. 남들의 좋은 평가를 받기 위해 남들을 불편하게 하거나 거슬리는 행동을 피하며, 그 과정에 내 생각이나 감정을 억제하고 참습니다.

스스로의 생각에 대한 구체적이고 분명한 확신과 믿음, 그리고 그에 근거하여 스스로도 장점과 가치가 있음을 깨달아 자신감과 당당함을 회복하는 것이 해결방법의 핵심입니다. 다른 사람들의 의견을 무시하고 독립적으로 생각하고 행동하라는 것이 아니라 자신의 판단에 조금 더 확신을 가지고, 타인에게 의존하는 경향을 조금 더 줄임으로써 균형적이고 객관적인 태도를 개발하는 것입니다.

의존적 성격인 사람들을 어떻게 대해야 할까

내 주변에 의존적 성격의 사람이 있다면 어떻게 대처해야 할까요? 그 사람들을 어떻게 이해하고 받아들여야 할까요? 최대한 문제가 안 생기면서도 잘 지내는 방법은 무엇일까요? 내 주변 사람이 의존적 성격인 것 같다면 다음의 사항들을 주의합니다.

1 | 상대방의 의견을 확인하자

의존적 성격의 사람들의 핵심적인 문제는 자신의 판단을 확신하지 않고, 다른 사람의 평가나 확인에 의지하는 것입니다. 따라서 그들의 행동을 개선하기 위해서 필요한 것은 스스로의 의견을 확인하고, 스스로 결정하도록 하는 것입니다. 가장 좋은 방법은 '되묻기'입니다. 의존적 성격의 사람이 스스로 결정하지 못하고 질문을 하는 경우 '너의 생각은 어떤데?'라고 되물어 주는 것입니다. 확실한 결정을 하지 못한 상태이니 아마도 여러 가지 대안 중에 어떤 것이 나은 판단인지 답을 하지 못할 수도 있습니다. 그럴 때는 '그중에서 너는 어떤 것이 제일 낫다고 생각하는데?'라고 되물어 주면 됩니다. 이 연습을 통해서 본인 스스로 판단하고 본인 스스로 결정하는 연습을 하게 됩니다. 만약 그 선택에 큰 문제가 없다면 '그래! 내 생각도 그래! 너가 결정한 대로 하면 되겠네!'라고만 언급해 주면 됩니다.

2 | 이제 그만! 분명한 선 긋기를 하자

의존적 성격의 사람이 나에게 의지하거나 너무 많은 요구를 하는 것이 부담스럽다면 내가 이를 조절할 수 있어야 합니다. 그들은 성격상 이를 조절하기 힘들며, 쉽게 변하지도 않습니다. 그렇다면 결국 요구를 조절하고 선을 긋는 역할은 나의 책임이 됩니다. 요구가 너무 과하다고 생각이 들면, 당당하게 '이제 그만!'이라고 말할 수 있어야 합니다. 이런 언급은 상대방의 무리한 요구를 차단함과 동시에 상대방에게는 적정선이 무엇인지를 알려주는 효과가 있습니다.

3 | 거절에 익숙하게 만들자. 단호하게 'No'

의존적 성격의 사람들이 나에게 자꾸 질문하고 의지하는 이유 중 하나는 내가 그들의 요구를 받아주기 때문입니다. 따라서 심리적인 부담감이나 상대방이 상처받을 것이 걱정되어 그 요구를 받아주는 순간 의존하는 행동은 더 심해집니다. 그래서 단호하게 'No'하여 무리한 요구나 의존을 차단해야 합니다. 나 때문에 상대방이 상처받고 스트레스 받는 것이 불편할 수 있지만 그것은 일시적이고 필요한 과정입니다. 내가 'No'를 너무 많이 한다고 생각이 들면 그들은 자연스럽게 다른 사람에게 확인 받으러 갈 겁니다. 그들의 의존이나 요구는 나에게만 특정된 것이 아닙니다. 그들의 성향이기 때문에 내가 받아주지 않는다면 자연스럽게 자신의 요구나 의존을 받아주는 다른 사람을 찾을 테니 큰 걱정하지 말고 단호하게 'No'하면 됩니다. 그들이 거절에 익숙해지도록 반복해서 실행합니다.

+ 솔루션 1. 되묻기 스킬을 사용하자

본인의 행동이나 판단에 대하여 확인을 해달라고 할 때 되묻기를 통해서 본인의 생각을 확인하고 결정하도록 도와주세요.

1. '너의 생각은 어떤데?'
2. '너는 어떤 것이 제일 낫다고 생각하는데?'
3. '그래서 내 생각도 그래! 너의 생각대로 하면 되겠네!'

+ 솔루션 2. 단호하게 선 긋기를 하자

상대방의 요청이나 요구에 대하여 솔루션 1로 대응한 후에도 변화가 없다면 단호하게 선을 그어주세요.

1. '이제 그만! 나도 할 일이 있어서 가봐야 할 것 같아서. 너의 생각은 어떤데? 너의 생각대로 하면 되겠네!'
2. '이제 그만! 나도 잘 모르겠어! 너의 생각은 어떤데? 너의 생각대로 하면 되겠네!'

+ 솔루션 3. 단호하게 'No'하여 거절에 익숙하게 만들자

솔루션 1, 2의 단호함과 거절에 익숙해지도록 자주 사용하는 것이 좋습니다. 선 긋는 것을 넘어 스스로 결정하도록 도와주세요.

1. '아니! 나한테 그만 물어봤으면 좋겠어! 왜냐하면 나는 나이고 너는 너잖아! 내 취향대로 하지 말고 네 취향대로 하면 돼!'
2. '아니! 나한테 그만 물어봤으면 좋겠어! 그동안 보니까 너도 너 스스로 결정을 잘하더라고! 그냥 네 생각대로 하면 될 것 같아!'

내가 의존적인 성격이라면 어떻게 해야 할까

내가 의존적 성격이라면 어떻게 해야 할까요? 다른 사람들과 갈 등이나 문제를 최소화하면서 함께 어울릴 수 있는 방법들은 무엇일까요? 내가 의존적 성격인 것 같다면 다음의 사항들을 실천해 봅니다.

1 | 인생은 결국 혼자 사는 것

인생에는 의존과 독립의 적절한 균형이 있어야 합니다. 하지만 의존적 성격의 사람은 의존성이 강하니 상대적으로 약한 독립성을 더 개발해야 합니다. 실제로 자신만의 판단이나 의견이 없는 것이 아닙니다. 스스로의 생각이나 판단이 있으나 관계를 중시하고 의지하려고 하며 거절당하지 않기 위해서 이를 적극적으로 표현하지 않을 뿐입니다. 따라서 먼저 자신의 독립적인 판단이나 내적 요구를 확인해야 합니다. 방법은 생각보다 간단합니다. '만약 나 혼자 살아야 한다면?' 또는 '물어보거나 의지할 수 있는 사람이 아무도 없다면?'이라는 전제 하에 판단하고 결정하는 것입니다. 이는 충분히 할 수 있으며, 지금까지 그렇게 혼자서 살아왔습니다. 단, 이를 분명히 확인하고 또 확인하여 나 스스로의 판단에 자신감을 가지는 것이 필요할 뿐입니다.

2 | '나는 너밖에 없어!' 부담 주는 언급 금지

의존적 성격의 사람들은 실제 현실에서는 큰 문제를 일으키지 않습니다. 다만 상대방에게 심리적 부담을 너무 많이 주는 경향이 있습니다. 다른 사람들에게 심리적 부담을 주는 방식은 크게 두 가지입니다. 첫 번째는 다른 사람들에게 확인을 요구하는 것입니다. 예를 들어 '나 오늘 점심 뭐 먹을까?'라고 너무 사소한 것을 질문하거나 '나 지금 잘한 거 맞아?' 등과 같이 확인하는 것입니다. 두 번째는 상대방이 나에게 얼마나 중요한 사람인지 언급하면서 부담을 주는 것입니다. '나는 정말 네가 좋아! 내가 너를 너무 소중하게 생각하는 거 알지?' 또는 '나 부담스럽지? 그래도 나 버리지 마….' 등과 같은 말을 하는 것입니다. 이런 말만 줄여도 상대방은 나와의 관계를 훨씬 편하게 느낄 수 있습니다.

3 | 당당하게 결정하자

앞서 말했듯이 의존적인 성격의 사람들도 알고 보면 다 자기 생각과 판단이 있습니다. 다만 이를 적극적으로 표현하지 않으며 다른 사람의 판단이나 의견을 중시하는 경향이 있는 것일 뿐입니다. 자신감을 향상하기 위해 당당하게 결정하는 연습은 두 단계로 진행하면 됩니다. 1단계는 나의 판단과 결정을 확인하는 것입니다. '나는 이 방법이 좋은 것 같아!'라고 판단했다면, 그것에 대한 확신 정도를 '상-중-하'로 평가하는 습관을 들이는 것입니다. 2단계는 자신의 판단 중 '상'에 해당하는 것에 대해서는 굳이 확인을 할 필요가 없으며, '하'에 대해서만 다른 사람에게 의지하고 확인하는 연습을 하는 것입니다. 이 방법에 익숙해지면 스스로의 결정에 확신도 높아지고 더불어 다른 사람에게 부담스러운 요구를 하는 것도 줄어드는 일석이조의 효과를 얻을 수 있습니다.

+ 솔루션 1. '나의 결정과 요구'부터 확인하자

무언가를 결정해야 할 때, '만약 나 혼자 살아야 한다면?' 또는 '물어보거나 의지할 수 있는 사람이 아무도 없다면?'이라는 전제 하에 판단하고 결정하는 연습부터 시작합니다.

+ 솔루션 2. 다음과 같은 금지어를 선정한다

1. 사소한 질문 금지

'나 오늘 점심 뭐 먹을까?', '오늘 나 옷 입은 거 어때? 괜찮아 보여? 이상하지?' 또는 '나 지금 잘한 거 맞아?'

2. 부담주는 언급 금지

'나는 정말 네가 좋아! 내가 너를 너무 소중하게 생각하는 거 알지?' '나는 정말 너 없으면 아무것도 못해' 또는 '나 부담스럽지? 그래도 나 버리지 마.'

+ 솔루션 3. 자신의 판단을 '상 – 중 – 하'로 판단한다

1. 나의 판단에 대한 확신을 '상 – 중 – 하'로 평가하기

예를 들어, '이번 주말 모임에 나갈까?' 라는 질문에 대한 나의 확신도를 평가합니다.

2. '상'이나 '중'에 대해서는 다른 사람의 결정에 의지하지 말고 나의 뜻대로 하기

'그래, 이번 주말 모임에 가는 거야!'

3. '하'인 경우에만 조언을 구하기(단, 부담스러운 언급은 금지)

조언을 구하되, 최종 결정은 내가 한다는 마음가짐으로 질문합니다.

'확신도가 '하'니까 수빈이한테도 주말 모임에 가는 것이 좋을지 물어보자.'

3 ✕ 조용한 훼방꾼 :
수동공격적 성격

A : 우리 이번 연휴 때 같이 놀러 가자!

B : 그래 좋아, 좋아! 어디로 갈까? 갈 생각만 해도 벌써 즐거워진
   다.

C : 참내, 우리 꼴이 왜 이러니? 이제는 애인하고 놀러 갈 나이에 다
   들 애인도 없이 친구들끼리 놀러 가니….

A : 그래도 우리끼리 오랜만에 놀러 가는 건데 가서 재미있게 놀고
   오자. 어디로 갈까?

B : 지난번 놀러 갔던 동해안 바닷가 펜션 어때? 거기 너무 재미있
   었잖아. 또 가고 싶어.

C : 근데 거기 서비스가 영 엉망이었잖아. 화장실 청소도 제대로 안
   해 놓아서 냄새났던 것 같은데.

A : 오랜만에 모여서 얼굴도 보고 너무 좋다. 이 식당 분위기도 좋고 음식 맛도 좋네. 누가 예약한 거야? 센스 있네.

B : 내가 했지! 그래도 우리 오랜만에 모이는데 좋은 곳에서 맛있는 거 먹으면 더 좋잖아. 아주 오늘 맘껏 즐기자고!

C : 근데 여기 좀 눅눅하지 않아? 약간 퀴퀴한 냄새도 나는 것 같고. 그리고 고기가 좀 질다.

나는 또는 그 사람은 수동공격적 성격의 사람인가

사례를 읽으면서 어떤 생각이 드셨습니까? '어, 나도 그런 것 같은데? 남들이 나를 수동공격적 성격의 사람으로 볼까?'라는 생각이 드셨나요? 또는 '아, 맞아. 바로 그 사람 얘기네! 그 사람이 바로 그래!'라는 생각이 드셨나요 나 자신 또는 다른 사람의 수동공격적 행동에 대해서 객관적으로 평가해 보세요.

스스로의 행동 평가해 보기

각 문항에 대하여 상(3점) - 중(2점) - 하(1점)으로 평가한 후 점수를 합산해 보세요.
합이 12점 이상이면 '(남들이 보기에) 수동공격적인 사람일 가능성이 높음'입니다.

1. 나는 냉소적이라는 얘기를 듣곤 한다	상 - 중 - 하
2. 나는 아주 객관적이라고 생각한다	상 - 중 - 하
3. 내가 타인을 지적할 때는 다 이유가 있다	상 - 중 - 하
4. 나는 충분히 인정받지 못하는 것 같다	상 - 중 - 하
5. 사람들은 나를 잘 이해하지 못한다	상 - 중 - 하

다른 사람의 행동 평가해 보기	
각 문항에 대하여 상(3점) - 중(2점) - 하(1점)으로 평가한 후 점수를 합산해 보세요. 합이 12점 이상이면 '그 사람은 수동공격적인 사람일 가능성이 높음'입니다.	
1. 그 사람은 냉소적이고 비판적이다	상 - 중 - 하
2. 그 사람은 불평이나 불만이 많다	상 - 중 - 하
3. 그 사람은 적대적인 태도를 가지고 있다	상 - 중 - 하
4. 그 사람은 화가 나면 삐진 티를 낸다	상 - 중 - 하
5. 그 사람은 안 그런 척하나 고집이 세다	상 - 중 - 하

애매하고 모호하게 불편한 느낌적인 느낌

수동공격적 성격의 사람들은 딱히 정의하기도 어렵고 설명하기도 어려운 성격입니다. 그들의 행동이 대부분 탁월하게 '애매한 경계'에 위치해 있기 때문입니다. 이들은 불평과 불만이 많습니다. 하지만 딱히 틀린 말을 하는 것은 아니며 나무랄 정도로 공격적으로 말하지도 않습니다. 그렇다고 해서 긍정적이거나 좋은 행동이라고 보기도 어렵습니다. 그래서 지적을 하자니 애매하고, 그냥 넘어가기에는 또 찝찝한 그런 경계 수준을 탁월하게 유지합니다.

그래서 사람들마다 평가가 다양합니다. 당하는 사람들은 계속 당해서 알지만 안 당해본 사람은 좋게 평가하는 경우도 많습니다. 모든 사람이 파악할 정도로 뚜렷하고 분명하게 공격이지는 않으며, 명백한 문제행동도 드러나지 않기 때문입니다. 그런데 그 내용과 뉘앙스 속에는 공격적이고 부정적인 메시지가 담긴 경우가 많습니다. 그래서 그들의 의도나 행동의 직접적인 대상이 아니면 숨겨진 의도를 파악하기 어려운 때가 많습니다.

1 | 공격적인 듯 아닌 듯 공격적인 너

원래 공격적이라는 말에는 능동의 의미가 포함되어 있습니다. 동물 무리에서 서열 상승을 위한 행동이나 경쟁자들을 제치고 이기기 위한 행동을 표현하는 말이 바로 '공격적'입니다. 다른 의미로는 다른 사람을 해치고자 하는 의미는 아니지만 매우 적극적으로 행동하고자 하는 의지의 표현으로 '공격적인 목표 설정' 또는 '공격적인 실행'이라는 말을 쓰기도 합니다.

이처럼 '공격적'이라는 의미 자체에 적극성과 강한 의지가 포함되어 있습니다. 그렇다면 '수동 공격'이라는 것은 무엇일까요? 겉으로는 공격적으로 보이지 않으나 그 안에 내포된 의미나 태도는 공격적인 것을 말하는 표현입니다. 앞서 말한 예시처럼, 다들 여행 준비에 들떠있는데 초를 치거나 즐거운 모임에서 음식이나 서비스에 대한 불만을 이야기하는 식입니다.

겉으로는 적대적인 행동이 크게 드러나지 않지만 속으로는 분노나 적대감이 있어서 공격적인 내용이나 부정적 감정 상태를 보입니다. 그래서 딱히 공격적이거나 적대적으로 보이지는 않으나 그렇다고 우호적이고 긍정적이지도 않습니다. 그런데 사이가 가까워질수록 처음에는 보지 못했던 공격적인 모습들을 볼 수 있습니다.

21 | 웃는 얼굴로 내 뺨을 치네

'냉소적'이라는 말을 그대로 직역하면 '차갑게 웃는' 모습입니다. 보통은 '쌀쌀한 태도로 남을 업신여겨 비웃는 것'이라고 정의합니다. 사람 사이에서 좋은 느낌을 전달하고 호감을 표현하는 방법은 환하게 웃어주는 것입니다. 그리고 정말 좋은 사람을 만나면 자연스럽게 웃음짓게 됩니다. 반대로 가장 적대적이고 부정적인 느낌을 전달하는 것은 공격적인 언행을 드러내는 것입니다. 비웃음은 이 사이에 있는 애매하게 이중적인 태도로 겉으로는 웃으나 알고 보면 속으로 욕하는 것에 가까운 표현입니다.

수동공격적인 성격을 가진 사람들의 특징이 딱 그렇습니다. 겉으로는 웃는 척하지만 알고 보면 비웃음이며, 그 안에는 다른 사람을 업신여기는 부정적이고 공격적인 태도가 숨어있습니다. 그럼에도 불구하고 '왜? 웃었잖아!'라는 표면적이고 형식적인 변명으로 내면에 숨어있는 공격적이고 부정적인 내용과 의도를 숨깁니다. 이렇게 얼핏 보면 공격적이지 않은 것처럼 보이나 조금만 자세히 보면 공격적이고 비꼬는 행동이 바로 수동공격적 사람들의 인간관계 방식입니다.

또한 이들은 자신을 상당히 합리적이고 논리적이라고 생각합니다. 그래서 남들의 일을 평가하고 판단하려고 하며, 그 과정에서 왜 그런지에 대한 논리적 이유를 제시하는 방식으로 자신을 과시하려고 합니다. 상대방의 변화와 성장을 위해서 진지하게 적극적으로 개입하는 것은 아닙니다. 단지 자신의 존재를 과시하기 위한 냉소적인 비판을 날리는 것입니다. 비유하자면, 진지하게 바둑 두는 사람들 옆에서 심리적 거리를 유지하면서 '쯧쯧, 저렇게 놓으면 안 되지. 에휴! 졌네, 졌어.' 등과 같은 초 치는 훈수를 날리면서도 자신은 절대로 승부에 참여하지 않는 훈수꾼과 같습니다.

3 | 쿨병 말기인 상태

이들의 심리상태는 기본적으로 부정적입니다. 화가 나 있거나 불만이 가득한 상태이며 적대적이고 시비 거는 듯한 태도를 많이 보입니다. 하지만 이런 본인의 감정을 인정하거나 수용하지 않습니다. 스스로 화를 내지 않으며 쿨하게 행동한다고 생각하기 때문입니다.

수동공격적 성격을 가진 사람들은 오히려 자신들이 감정관리를 잘한다고 생각합니다. 감정적으로 행동하지 않으며, 대부분은 안정되어 보이고 격한 감정 변화나 소용돌이가 없다고 생각합니다. 그러나 겉으로만 그렇게 보일 뿐 실제로는 훨씬 더 큰 감정적 변화를 겪으며, 감정의 폭도 깊고, 특히 부정적인 감정을 많이 느낍니다. 그런데 이런 감정들을 직접 표현하거나 발산하지 못해서 냉소적인 표현처럼 왜곡된 형태로 표출하는 일이 많습니다.

부정적인 감정을 마음에 품고 있다면 이를 해결하는 가장 좋은 방법은 감정을 직접 표현하고 발산하는 것입니다. 그러면 부정적 감정일지라도 속 시원하게 해소될 수 있으며, 곧바로 심리적 평화를 찾을 수 있습니다. 그런데 수동공격적인 성격의 사람들은 감정 표출 방식이 간접적이고 억제되어 있어서 속 시원하게 표출하지 못합니다. 그래서 부정적인 감정들이 해소되지 못한 채 쌓이며, 시간이 지날수록 이런 패턴이 더욱 심해집니다. 그 결과로 점점 더 냉소적이고 비판적인 사람이 되며 비난이 아닌듯하나 비꼬듯이 비난하는 표현들도 심해집니다.

4 | 미꾸라지처럼 빠져나가는 공격성

수동공격적인 행동방식은 왜 생기는 것일까요? 차라리 직접적으로 표현하고 발산한다면 마음속에 숨겨진 부정적인 감정들이 쉽게 해결될 텐데, 이를 쉽게 인정하거나 수용하지도 않고 효과적으로 해결도 하지 못한 채 왜곡된 수동공격적인 방식을 사용하는 이유는 무엇일까요? 그래서 과연 그들이 얻는 것은 무엇이며, 심리적으로는 어떤 이익이 있을까요?

수동공격의 습관은 자신의 좌절이나 화를 직접적으로 표현하지 못하는 상황에서 생깁니다. 대표적으로는 어린아이가 부모에게 혼나는 경우입니다. 아이는 부모의 권위나 신체적인 조건의 차이 때문에 소위 '맞짱'을 뜰 수가 없습니다. 그렇다고 해서 화를 무조건 참을 수도 없으니 화를 우회적으로 표현해 부모를 화나게 하는 행동을 하게 됩니다. 그래서 이미 배변 훈련이 끝났음에도 불구하고 소변을 지리거나 사람들이 많고 처치 곤란한 상황인 백화점 한복판에서 옷에 대변을 싸는 행동으로 반항을 하기도 합니다. 사회생활이나 친구 관계에서도 마찬가지입니다. 상사나 친구들이 불편하거나 그들에게 불만이 있는 경우 업무를 지연시키거나 친구들과의 약속에 늦게 나타남으로써 그들을 화나게 할 수 있습니다.

이처럼 자신의 화나 분노를 간접적으로 표현하여 상대방을 공격하는 것입니다. 그럼에도 대놓고 공격적인 언행을 한 것은 아니기 때문에 '공격' 자체에 대한 책임이나 비난을 피할 수 있습니다. 업무 지연이나 지각, 소변 실수에 대한 비난만 감수하면 된다는 심리입니다. 물론 공격당한 사람이 수동공격의 의미를 파악하고 '너 지금 나 열 받으라고 일부러 그런 거지?'라고 화를 낼 수도 있습니다. 그럴 때는 '아니요! 절대 아닙니다! 그렇다는 증거가 있나요?'라고 미꾸라지처럼 빠져 나가면 그만입니다.

건강한 감정관리가 필요하다

수동공격적인 성격의 사람들과 대화를 하고 나면 기분이 썩 유쾌하지 않습니다. 명백하게 겉으로 드러나지만 않았을 뿐 내적으로는 마음속에 분노와 공격성이 자리 잡고 있기 때문입니다. 이런 애매한 태도 때문에 양면적인 모습을 보이기도 합니다. 한편으로는 순응적이고 협조적인 척하며 뚜렷한 갈등이나 대립을 초래하지 않는 듯하지만 다른 한편으로는 자신의 논리를 주장하며 다른 사람들을 비판하거나 은근히 비난합니다. 이렇게 뚜렷하게 문제가 될만한 행동을 보이지 않으며, 따지고 보면 다 맞는 얘기이기도 하지만, 곰곰이 생각해 보고 곱씹어 보면 '아까 나한테 뭐라고 한 거 맞네?'라는 생각이 듭니다.

그래서 이들을 대하다 보면 은근히 스트레스를 많이 받습니다. 처음부터 뚜렷하게 불편한 것은 아니지만 시간이 지날수록 스트레스가 점차 늘어납니다. 같이 보내는 시간이 많은 경우에는 더욱 그렇습니다. 한 부서 내에 수동공격적 성격의 사람이 있는 경우 주변 사람들의 의욕을 갉아먹으며, 힘 빠지게 하는 일들이 쌓여갑니다. 친구들 사이에 수동공격적 성격의 사람이 있는 경우에는 모임 분위기가 편하지 않으며 왠지 찝찝하고 설명하기 어려운 불쾌함이 남습니다.

수동공격적인 사람들을 비유할 때 '이쑤시개와 코끼리'의 설명을 자주 합니다. 코끼리를 죽이는 가장 잔인하고 고통스러운 방법은 '죽을 때까지 이쑤시개로 찌르기'입니다. 딱히 위협적이거나 공격적이지 않은 것 같지만 소소한 스트레스가 쌓이는 순간 너무도 큰 스트레스와 짜증으로 폭발하게 됩니다. '이쑤시개로 코끼리가 죽을 때까지 피곤하게 만든다'가 더 정확한 의미일 것입니다. 그만큼 대놓고 문제를 일으키지 않으나 사람을 조금씩 피로하고 지치게 만들고 마음의 평화를 빼앗습니다.

그런데 사실은 본인 스스로가 더 힘들고 괴롭습니다. 그들의 마음속에는 분노와 공격성이 내재되어 있으며, 이를 속 시원히 표현하거나 발산하지 못하고 마음속에 담고 사는 것입니다. 그래서 그들의 마음은 훨씬 더 힘들고 고통스럽습니다. 이들은 심리 치료나 상담에도 잘 오지 않으며, 오더라도 자신의 문제라고 생각하기보다는 자신의 억울함이나 타인을 비난하기 위해 찾아옵니다. 그래서 심리 치료나 상담을 통해서도 잘 개선되지 않는 경우가 많습니다. 제대로 치료가 이루어지고 변화가 생기기 위해서는 자신의 행동을 객관적으로 바라보고 평가해야 하며, 자신의 문제를 직면하고 해결하려는 의지도 있어야 합니다. 이들에게 가장 필요한 것은 자신의 공격적인 감정을 솔직하게 받아들이고 이를 효과적이고 건강하게 발산하는 방법을 배우는 것입니다. 하지만 이는 참 어려운 과정입니다. 특히 수동공격적인 습관이 이미 배어있는 사람에게는 더욱더 어렵습니다.

수동공격적인 사람들을 어떻게 대해야 할까

내 주변에 수동공격적 성격의 사람이 있다면 어떻게 대처해야 할까요? 그 사람들을 어떻게 이해하고 받아들여야 할까요? 문제가 안 생기면서도 잘 지내는 방법은 무엇일까요? 만약 내 주변 사람이 수동공격적 성격인 것 같다면 다음의 사항들은 주의합니다.

1 | 수동적으로 대응하자

가장 먼저 적용할 수 있는 방법은 이들의 수동적인 공격에 발끈하거나 말려들지 말고 수동적으로 대응하는 것입니다. 이들이 수동공격적으로 행동할 수 있는 이유는 상대방이 능동적 또는 적극적으로 반응하기 때문입니다. 예를 들어 이들의 문제점을 객관적으로 알려주고 고쳐야겠다고 '적극적'으로 설득하고 개입하면 이들은 받아치기 식으로 공격합니다. 아예 적극적인 대응을 하지 않고 최소한으로만 반응하고 대응하면 어쩔 수 없이 이들이 '능동적' 반응을 보이게 됩니다. 예를 들어 친구들 사이에서 수동공격에 별 관심을 두지 않거나 대화에 적극적으로 반응해 주지 않으면 자신에 대한 차별과 왠지 따돌리는 듯한 분위기에 조금 더 능동적으로 불만을 표현하게 됩니다. 이때 그의 문제점을 지적하거나 개선을 요구하는 방식으로 접근할 수 있습니다.

2 | 최대한 자극하거나 건드리지 말자

두 번째 방법은 그들의 축적된 분노와 공격을 건드리지 않도록 주의하는 것입니다. 그러잖아도 마음속에 분노와 공격성이 쌓여 있는데, 이를 자극하면 두고두고 수동공격의 표적이 되어 시달릴 가능성이 높아집니다. 문제를 지적하는 경우에도 가능하면 짧고 간단하게, 그리고 구체적인 점들을 중심으로 최대한 간단하게 말해야 합니다. 예를 들어 '너는 항상 늦더라. 너 때문에 다른 사람들이 다 기다리게 되잖아. 우리 모임이 우습냐?' 등의 명백한 공격을 하는 순간 '항상? 내가 언제 그렇게 항상 늦었니? 몇 번 늦은 걸 가지고 그렇게 항상이라고 말하면 억울하지'하는 역공을 당하고 두고두고 냉소적인 수동공격을 감당해야 할 수 있습니다. 대신에 '오늘 늦었네?'와 같이 간단명료하게 문제점만을 지적하면서 역공을 당할 수 있는 여지를 최소화해야 합니다.

3 | 최대한 기대를 낮추어 갈등을 피하자

세 번째 방법은 이들의 수동성을 감안하여 기대를 낮추는 것입니다. 수동공격성의 핵심은 문제가 되지 않을 정도의 최소한의 행동만을 하는 것입니다. 이들에 대한 나의 기대가 높으면 '왜 저러는 거야? 좀 더 잘할 수 있잖아.'라는 생각이 들 수밖에 없습니다. 기대에

못 미치는 이들의 행동으로 짜증이나 화가 나는 상황이면 내가 벌써 이들의 미묘한 심리전에 말려든 것입니다. 이들의 특성과 성향을 고려하여 최대한 기대를 낮추어 갈등을 피하는 것이 좋습니다. 이들이 무언가를 열심히 할 것이라고 기대하거나 이를 요구하는 순간 피곤하고 긴 싸움이 시작됩니다.

+ 솔루션 1. 적극적으로 대응하지 말자

1. 존재 자체에 관심을 덜 기울이기

아예 존재 자체에 신경을 쓰지 않습니다. 자꾸 신경 쓰인다면, 다른 사람에 집중하거나 차라리 유튜브 같이 주의를 돌릴 수 있는 다른 것에 관심을 집중합니다.

'그래, 신경 쓰지 말자! 차라리 다른 친구들에게 집중하자! 차라리 재밌는 영상을 보는 게 낫겠다!'

2. 그들이 하는 말에 의미를 부여하지 말기

그래도 신경 쓰이는 그들의 말이나 행동을 액면가 그대로만 받아들이고, 더 이상의 진지한 분석이나 의미 부여를 하지 않습니다.

'하, 저 친구는 왜 저렇게 매사에 불평불만을 할까? 아! 그만! 의미 부여 금지!'

'아이, 저 친구 때문에 분위기가 또 싸해졌네…. 아! 그만! 의미 부여 금지! 분위기는 싸해졌다가 살아나기도 하는 법이고, 썰렁한 농담하는 친구들도 있는 걸 뭐. 지금 있는 그대로 상황을 즐기자!'

3. 행동에 대해서 판단이나 평가하지 말기

'음, 또 시작했네. 그냥 귀를 닫자! 이곳이 마음에 안 든다는 거구나. 그렇구나, 저 친구는 그렇게 생각하는구나!'

+ 솔루션 2. 최대한 자극하거나 건드리지 말자

1. 적극적으로 문제를 지적하지 않기

'그런데, 너는 말을 왜 그런 식으로 해?'라고 말하고 싶어지면, '괜히 말해서 서로 불편해지면 나한테 더 안 좋아!'라고 생각하며 속으로만 말하세요.

2. 적극적인 개선안을 요구하지 않기

'왜 저렇게 비꼬듯이 말하지? 좀 좋게 말하고 솔직하게 표현하면 좋잖아!'라고 말하고 싶어지면, '내가 말한다고 바뀔 것도 아니고, 오히려 관계만 더 나빠져!'라고 생각하며 속으로만 말하세요.

3. 불편한 감정 먼저 드러내지 않기

'아, 정말 짜증 나. 오늘은 정말 열 받네!'라는 생각과 화난 감정이 든다면, '화내봐야 무슨 소용? 나만 손해야! 싸움만 더 커져!'라고 생각하며 감정 표현을 피하세요. 혹시 상대방이 '왜 뭐 맘에 안 드는 게 있어?'라고 물으면, '아니! 오늘 점심 먹은 게 안 좋았는지 속이 불편하네!'라고 답하면서 피하세요.

+ 솔루션 3. 최대한 기대를 낮추어 갈등을 피하자

1. 상대방에 대한 기대와 희망을 확인하기

예를 들어 '솔직히 나는 그 친구가 잘못이라고 생각해! 정말 그 친구 하나만 좀 조심하면 우리 모두가 편해질 것 같거든! 그걸 왜 모를까? 다들 불편하게 만드는데.'라는 생각이 든다면 그 친구가 문제이며, 그 친구의 행동 변화를 통해서 모임이나 다른 사람들이 편해질 수 있을 것이라는 기대와 희망이 있는 겁니다.

2. 생길 수 있는 갈등과 문제를 확인하기

만약 그 친구의 행동 변화를 기대하고 있다면, 아래와 같이 생길 수 있는 문제를 확인하고 어떤 이득이 있을지 생각해 보세요.

1. 그 친구가 있는 모임에 나가면 불쾌해지고 불편하다.
2. 그 친구가 말할 때면 자꾸 짜증이나 화가 난다.
3. 모임 전체가 어색하고 불편해진다.

3. 기대와 희망을 조정하기

그 친구의 행동 변화를 기대했을 때, 생길 수 있는 갈등이나 문제를 피해갈 수 있도록 기대와 희망을 조정하세요. 친구가 바뀌면, 모임 전체의 분위기가 좋아질 것이라는 기대가 있다면,

1. '됐어, 그 친구 아니어도 다른 좋은 친구들이 모임에 많잖아! 그들과 즐거운 시간을 보내면 되지 뭐!'
2. '그 친구한테 고치라고 하면 분명 싸움과 갈등이 일어나서 200% 불편해질 거야!'
3. '하긴, 그 친구가 나보고 뭘 바꾸라고 해도 안 들을 것 같은데 뭐. 그 친구도 내 말 안 듣겠지. 그냥 내 마음을 접자!'

내가 수동공격적 사람이라면 어떻게 해야 할까

내가 수동공격적 성격이라면 어떻게 해야 할까요? 다른 사람들과 갈등이나 문제를 최소화하면서 함께 어울릴 수 있는 방법들은 무엇일까요? 내가 수동공격적 성격인 것 같다면 다음의 사항들을 실천해 봅니다.

1 | 내 감정을 인식하기

수동공격적 성격의 사람들은 자기 감정을 인식하고 구별하는 것 자체가 익숙하지 않습니다. 따라서 감정 인식의 가장 기초적인 단계부터 연습할 필요가 있습니다. 감정 인식의 가장 첫 단계는 감정을 좋은 감정과 안 좋은 감정으로 구분하는 것입니다. 즉, 긍정 감정과 부정 감정으로 구분하는 것부터 시작합니다. 구분하는 것이 익숙해지고 나면, 그 감정의 강도에 따라 '상-중-하'로 구분하는 것까지 연습하면 됩니다. 그러면 현재 나의 감정을 인식하고 구분하는 것이 훨씬 쉬워지고 편안해질 수 있습니다.

2 | 내 감정을 확인하기

기본적인 감정의 종류와 그 강도를 구분하는 연습이 되었다면 좀 더 세밀하게 감정을 구분하고 이름을 붙이는 훈련이 필요합니다. 현재 느껴지는 감정에 이름을 붙인다면 어떤 이름을 붙일지를 생각하는 것입니다. 예를 들어 대표적인 '긍정-상'의 감정은 '행복'이나 '큰 기쁨' 정도입니다. 또한 '긍정-하'의 감정은 맑은 날 산책하면서 느끼는 상쾌함 정도입니다. 반면에 '부정-하'의 감정은 사이가 좋지 않은 사람을 멀리서 만난 정도의 느낌이나 '부정-상'의 감정은 아주 심하게 화가 나서 주체하기가 힘들 정도의 상태입니다. 이 정도의 예시를 기반으로 구체적으로 어떤 감정이 드는지를 확인해 보세요.

3 | 건강한 표현 방법 배우기

이제 내가 감정을 어떻게 표현하는지 확인합니다. 감정마다 내가 표현하는 방식을 확인해서 '감정을 적극적으로 표현'하거나 '감정을 드러내지 않음' 같은 나의 감정 표현 패턴을 파악할 수 있습니다. 이어서 소개하는 솔루션에 따라 내 감정을 긍정과 부정으로 나누어 '상-중-하'로 인식하고, 인식한 감정을 세밀하게 구분하여 이름을 붙여 확인한 후에 내가 그 감정을 어떻게 표현하는지까지 연결하는 연습을 하는 겁니다. 불편하거나 화난 감정을 효과적으로 해결하지 못하고 수동공격적으로 표출한다면 이 솔루션을 통해 보다 건강하고 효과적인 감정관리와 표현 방식이 있는지 고민하고 나에게 적용하면 됩니다.

+ 솔루션. 내 감정을 확인하고 효과적으로 관리하기

상황	1단계. 긍정/부정	2단계. 확인	3-1단계. 현재 행동	3-2단계. 개선 행동
친구가 나의 문제를 지적했다	긍정 ( ) 부정 (✓) 상 -(중)- 하	불쾌하고 화가 난다	그 친구를 만나지 않는다 / 다른 친구에게 그 친구의 문제를 지적한다	적극적으로 대응하여 문제를 해결한다 '조언 고마운데 좀 불편하다. 왜 그렇게 생각해?'
	긍정 ( ) 부정 ( ) 상 - 중 - 하			
	긍정 ( ) 부정 ( ) 상 - 중 - 하			
	긍정 ( ) 부정 ( ) 상 - 중 - 하			
	긍정 ( ) 부정 ( ) 상 - 중 - 하			

〈작성 방법〉

상황 : 스스로 문제가 되거나 감정이 개입되는 상황을 요약해서 써보세요.

1단계 : 현재 느끼는 감정이 긍정적인지 또는 부정적인지를 우선 판단합니다. 그리고 감정의 강도를 '상 – 중 – 하'로 구분해 보세요.

2단계 : 감정의 내용이 무엇인지 감정에 이름을 붙여보세요. 감정을 잘 모르겠거나 모호한 경우에는 '잘 모르겠음' 또는 '모호함' 등으로 써도 됩니다.

3-1단계 : 현재 상황과 기분에서 자신이 보이는 행동을 가능한 객관적으로 써보세요.

3-2단계 : 현재 상황과 기분에서 좀 더 좋은 행동이나 표현이 있다면 어떤 것일지 써보세요.

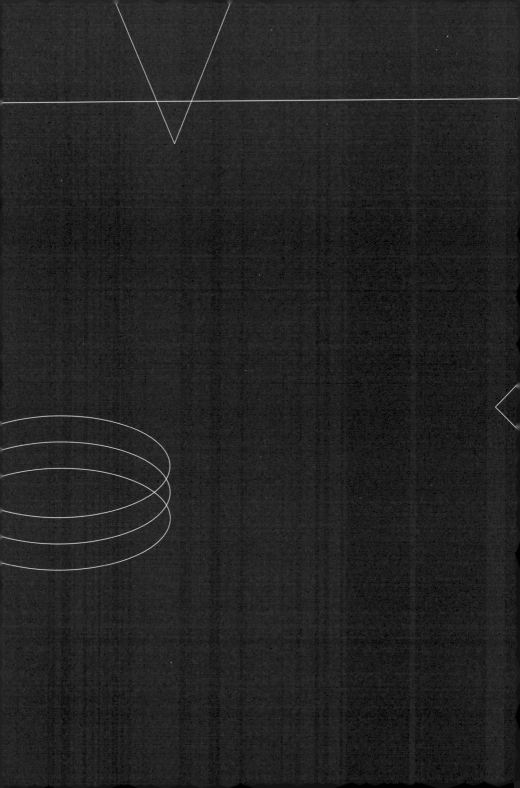

Part 5.

행복한
인간관계를
위하여

1 ✕ 왜 우리는 그 사람을 이해하지 못할까요?

사람에 웃고 사람에 운다

사람을 '인간(人間)'이라고도 합니다. 사람 '인(人)'에 사이 '간(間)'이 합쳐져서 '인간'이라는 표현이 만들어진 것입니다. 사람 '인(人)'에 대해서 여러 가지 해석이 있기는 하나 두 사람이 기대어 있는 모습으로 해석하는 경우가 일반적입니다. 그러니 인간의 삶, 인생이란 다른 사람과의 교류나 관계를 전제로 한다고 볼 수 있습니다.

그만큼 사람의 희노애락은 모두 '사람과의 관계'에서 온다고 해도 과언이 아닙니다. 제가 상담에서 만나는 사람들의 기쁨과 즐거움, 분노와 슬픔도 대부분은 '사람' 때문입니다. '사람' 때문에 웃으며, '사람' 때문에 울고, '사람' 때문에 분노하지만, '사람' 때문에 치유 받는 게 인생입니다. 그래서 사람들과 더불어 사는 지혜를 배우는 게 필요하고 그 첫 단계가 바로 '저 사람은 왜 저렇게 행동하는가?'를 이해하고 받아들이는 것입니다.

　나와 다른 사람의 행동을 잘 이해하면 훨씬 더 좋은 관계를 맺을 수 있고 갈등이나 문제를 조금 더 잘 해결할 수 있습니다. 나와 다른 사람의 행동을 잘 이해한다는 것은 나 자신과 다른 사람의 '성격'을 이해하는 것에서 시작합니다. 사람의 성격과 행동을 이해하는 것은 사람들과 행복하고 즐겁게 더불어 살아가는 데 꼭 필요한 활동입니다. 그리고 사람들 사이의 갈등이나 문제들을 대응하고 해결하는 데 꼭 필요한 능력이기도 합니다.

　그런데 가끔 사람에 대해서 잘못되거나 비현실적이고 너무 이상적인 신념을 가지고 있는 경우를 보게 됩니다. 이를 통틀어 '비합리적 신념'이라고 합니다. 이 경우에는 받지 않아도 되는 상처를 받거나 필요 이상의 분노나 좌절을 불러오기 때문에 비합리적 신념을 정확하게 아는 게 중요합니다. 사람에 대한 '비합리적 신념'을 '합리적 기대'로 바꾸기만 해도 세상살이가 많이 편안해지며, 주변 사람들과의 관계에 대한 만족도가 커집니다. 즉, 사람에 대한 합리적 기대만 가지고 있어도 우리가 '사람' 때문에 받는 상처나 아픔을 반은 줄일 수 있습니다.

우리는 때로 비합리적으로 행동한다

　사람에 대한 비합리적 신념 중 첫 번째는 '사람이 항상 합리적으로 생각하고 행동할 것'이라는 믿음입니다. 그러나 우리는 생각하고 기대하는 것보다 훨씬 자주 비합리적으로 행동합니다. 그리고 이런 패턴이나 행동이 반복되면 누구나 비합리적인 성격 또는 이상해 보이는 성격이 됩니다.

그렇다면 비합리적인 성격은 문제가 될까요? 문제라면 문제이고 아니라고 하면 아닐 수 있습니다. 비합리적인 성격으로 스스로가 불편하고 힘들거나 다른 사람들에게 고통과 피해를 준다면 문제입니다. 나와 다른 사람들이 더불어 살아가는 데 고통과 어려움을 주기 때문입니다. 이를 바꿀 것인가는 결국 선택의 문제입니다. 하지만 내 성격이라면 그나마 선택할 수 있지만 비합리적인 성격을 가진 다른 사람들의 성격을 바꾸는 것은 훨씬 더 어렵습니다.

문제가 아니라는 관점에서 보면, 비합리적인 성격은 생존을 위한 어쩔 수 없는 선택일 수 있습니다. 누구나 주변 사람들과 관계를 맺고 교류하면서 나 자신의 정체성과 성격을 만들어 갑니다. 그 과정에서 문제나 갈등을 겪지만 문제를 해결하고 다른 사람들과 더불어 살기 위해 최선의 노력을 합니다. 그런데 비상식적이거나 비합리적인 성격의 사람이 주변에 있다면 합리적으로 대응하기 어렵습니다. 그들에 대한 대응도 비합리적일 수밖에 없습니다.

예를 들어 애정을 충분히 받지 못한 아이는 심리적 결핍과 좌절이 생길 수밖에 없습니다. 누군가의 돌봄이 필요한 어린아이는 어떻게든 살아남아야 합니다. 그리고 살아남기 위해 결핍과 좌절에 적응하면서 제각기 다른 성격들이 만들어집니다. 아예 사람들에 대한 기대와 희망을 모두 접고 홀로 세상을 사는 듯한 패턴이 굳어지면 분열성 성격이 됩니다. 반대로 사람에 대한 기대와 희망은 그대로인데 관계를 맺으려는 욕구들이 남으면 아예 사람들에게 매달려서 관심과 애정을 요구하는 의존성 성격이 되기도 합니다. 또 마음은 있으나 쉽게 다가서지 못하면서 고통에 휩싸여 회피적 성격이 될 수도 있습니다. 그리고 자신을 돌봐주지 않는 세상에 적대감과 분노가 쌓이면 이는 공격적 성격이나 수동공격적 성격의 시작이 됩니다.

사랑이 어떻게 변하니?

영화 '봄날은 간다'의 유명한 대사가 있습니다. 남자 주인공이 여자 주인공에게 정말 애타는 마음으로 묻는 '사랑이 어떻게 변하니?' 입니다. 이 장면에서 많은 사람들이 애절하고 간절한 사랑의 마음을 공감하며 함께 분노하기도 하고 함께 울컥하기도 합니다. 하지만 이성적이고 합리적 기준에서 본다면 '사랑이 어떻게 변하니?'에 대한 대답은 '당연히 변하지!'입니다.

사랑과 사람은 당연히 변합니다. 연애할 때는 너무 좋아 보였던 그 사람이 결혼한 순간 변한 것처럼 느껴집니다. 왜냐하면 상황이 달라졌기 때문입니다. 연애는 애틋한 감정적인 교류가 중심인 관계이지만, 결혼은 감정적 교류는 물론이고 생활을 공유하는 관계입니다. 데이트로 짧은 시간을 보내는 것과 결혼으로 생활 공간 자체를 공유하는 것은 매우 다른 관계입니다. 그 과정에서 데이트에서는 볼 수 없었던 행동들과 성격을 보게 됩니다.

사랑의 본질이 변하는 게 아니라 관계의 형태가 변하는 것입니다. 성격도 관계나 환경에 따라서 바뀌는 것처럼 보입니다. 직장에서의 행동과 친구 관계에서의 행동이 다른 것처럼 말입니다. 그 차이를 다른 사람이 보면 성격이 변했다고 생각할 수 있으나 알고 보면 미처 알지 못했던 그 사람의 다른 본성인 것입니다.

사람은 끝도 없이 변합니다. 상황이 변하고 마음속 요구가 변하면 그에 따라서 끊임없이 변합니다. 게다가 상황마다의 감정의 변화까지 고려한다면, 사람이 변하지 않을 것이라는 기대는 분명히 비합리적 신념인 게 맞습니다. 친했던 동료도 승진하면 변합니다. 승진 이후 요구되는 역할이 이전과는 다르고 나와의 관계도 달라지기 때문입니다. 학창시절 둘도 없을 것 같던 친구도 성인이 되면 이전과는 다른 관계가 됩니다. 이제는 순수한 마음으로만 관계하는 학창시절을 벗어나 사회인이기 때문입니다.

사람은 변하지 않을 것이라는 생각을 가지고 있다면 결국은 실망과 분노만 남습니다. 그리고 사람이 변하는 모습을 보일 때마다 마음의 상처들이 쌓여갑니다. 사람은 변합니다. 순간순간의 상황과 감정, 그에 따른 마음의 요구들로 인하여 다르게 행동하는 게 당연하고 그게 사람이 행동하는 기본 원리입니다. 사랑도 변하고, 약속도 바뀌며, 원칙과 신념도 달라집니다.

말하지 않아도 알아요

의사소통과 인간관계에서 가장 문제를 일으키는 잘못된 신념이 바로 '말하지 않아도 알 것'이라는 믿음입니다. 말하지 않으면 모릅니다. 굳이 말하지 않아도 그 사람이 내 마음을 다 알아줄 거라는 믿음은 틀림없는 오류입니다. '말하지 않아도 알 것'이라는 기대는 정확히 표현하면 가정이고 내 욕심일 뿐입니다. 맞을 수도 있으나 틀릴 가능성도 충분히 높다는 겁니다.

애틋한 연애를 시작했을 때처럼 좋은 분위기에서는 이런 생각이 문제가 되지 않는 경우가 많습니다. 딱 봐도 서로 좋은 게 분명하기 때문입니다. 하지만 갈등 상황이 시작되면 이전에 가졌던 긍정적 믿음은 눈 녹듯이 사라져버리고 직접 보고 들은 행동을 중심으로 판단하게 됩니다. '너는 나한테 언제 사랑한다고 말한 적 있어?' 또는 '나를 진짜 사랑하는 사람이 그따위로 행동을 해?' 하는 게 바로 그런 경우입니다. 말하지 않아도 알 거라는 전제로 말하지 않았던 게 결국 문제가 되는 것입니다.

특히 '말과 소통'은 건강하고 행복한 변화를 위한 핵심 스킬입니다. 정확하고 효과적인 소통은 직장, 친구, 연인과 결혼 등 모든 관계에서 건강한 교류를 만들어 가기 위한 중요한 방법입니다. 별거 아닌 작은 말들이 모여 건강한 소통을 만들 수 있으며, 무심결에 던지는 말들이 쌓여 부정적이고 어려운 소통을 만들기도 합니다.

확실하고 분명하게 표현해서 상대방이 내 마음을 알게 해주는 것이 건강한 성격과 행복한 관계를 만들어가는 지름길입니다. 부부도, 친구나 동료 관계도, 부모 자녀 간에도 마찬가지입니다. 부부간에는 서로 사랑한다는 확신, 고맙다는 긍정적 표현과 교류가 일상적으로 있어야 더욱더 사랑하는 사이가 될 수 있습니다. 평생의 동지로 신뢰하는 동료 관계에서도 '수고했어! 역시 대단해!'라고 표현해 줘야 신뢰가 더욱더 두터워집니다. 그게 바로 '인정'이며, 서로 긍정적 감정을 나누게 하여 더 좋은 관계를 만드는 기초가 됩니다.

분명히 자녀를 사랑하고 있음에도 불구하고 이에 대한 표현 없이 '너는 왜 이렇게 말을 안 들어! 너 정말 공부 안 할 거야? 대체 커서 뭐가 되려고 그러니 정말!'이라는 타박만 표현하는 부모로부터 자란 자녀는 사랑받는다는 느낌을 가지기 어렵습니다. 자녀들이 속으로는 '엄마는 날 사랑하지 않아!'라고 생각하거나 '엄마는 나의 성적만을 중요하게 생각해!'라고 생각할 수 있으며, 이런 일들이 반복되면 진지하게 '엄마, 혹시 내 친엄마 맞아?'라고 반문할 수도 있습니다.

말하지 않아도 내 마음을 다 알아줄 거라는 믿음은 오류입니다. 그런 모호하고 애매한 접근으로는 갈등이나 문제가 일어날 때 관계가 쉽게 무너지고 맙니다. 분명히 말하고 표현해야 그 사람도 확신을 가지고 신뢰를 쌓아갈 수 있습니다.

2 ✕ 사람의 성격이 진짜 바뀌나요?

성격은 진짜 바뀌는가

심리학의 영원한 화두 중 하나가 '성격은 변할 수 있는가?'입니다. 이 질문에 대해서는 부정적인 반응이 많습니다. 대부분 아래와 같은 반응을 보입니다

"성격이 바뀌나요? 성격은 안 바뀌는 거 아니에요?"

"저는 어려서부터 이런 성격이었어요. 평생을 이렇게 살아왔는데… 이제 와서 바뀌겠어요?"

"노력은 했어요! 그런데 근본 성격은 안 바뀌는 것 같아요."

"저는 그냥 팔자가 그런 거 같아요. 제가 기억하는 한 항상 그래 왔거든요. 아마도 평생을 이렇게 살겠죠."

"내가 이 나이에 정말 변하겠어요? 그냥 이렇게 살래요."

특히 현재 마음이 힘들거나 심리적인 고통이 있는 경우에는 이런 회의적이고 부정적인 시각이 더 큽니다. 우울감을 겪고 있거나 불안 경향이 높은 경우 자신의 변화 가능성에 대해서도 부정적인 경우가 많습니다.

결론부터 얘기하면, 성격은 변할 수 있습니다. 근본적이고 핵심적인 성격은 크게 변하기 어렵지만, 행동 습관이나 태도 등은 비교적 쉽게 변할 수 있습니다. 하지만 이런 변화가 쉬운 것은 아닙니다. 상당히 많은 노력과 에너지를 들여야 변할 수 있습니다. 성격이 갑자기 변하는 것은 힘든 일입니다. 드라마에서는 내내 못된 짓을 일삼던 악인이 갑자기 착한 성격이 되어서 모든 걸 반성하고 사죄합니다. 모든 갈등과 문제들이 한꺼번에 해결되고 그동안 쌓였던 고구마 같은 답답함과 분노가 한꺼번에 날아갑니다. 하지만 이는 말 그대로 드라마 마지막 회에나 나오는 드라마 같은 이야기일 뿐, 현실에서는 이런 급격한 성격 변화는 찾아보기 힘듭니다. 현실에서 이 정도로 성격이 바뀌려면 엄청난 노력과 길고 긴 세월이 필요합니다. 성격 변화가 그냥 쉽게 이루어질 리가 없습니다. 본인 스스로의 진지한 반성과 문제의식, 그리고 새롭게 변화하려는 동기와 강한 의지, 그리고 피나는 노력과 실행이 필요합니다.

게다가 나의 성격이 아니라 다른 사람의 성격을 그 정도로 바꾸는 것은 더 많은 노력을 필요로 합니다. '저 사람은 왜 저렇게 행동하는 것일까?'라는 의문을 가지고 그 사람의 성격을 이해해야 하며, 이해한 내용을 바탕으로 최적화된 맞춤형 노력을 기울여야 합니다. 드라마처럼 쉽게 변하지 않을 뿐 현실에서도 성격은 변화하고 성장할 수 있습니다.

변화의 필요성을 느끼게 해주는 강력한 사건

일반적으로 편안하고 안정된 상황에서는 성격이 잘 바뀌지 않습니다. 변화의 필요성을 못 느끼기 때문입니다. 성격이 변하려면 그 필요성을 느낄 수 있는 계기가 필요한데 대부분의 계기는 힘든 상황이나 심리적으로 상당한 고통을 동반하는 경우가 많습니다. 인생에 있어 정말 큰 사건을 경험하고 난 후에 변화의 필요성과 문제의식을 가지는 게 일반적입니다.

예를 들어 거칠게 운전하는 습관을 가진 사람은 자신의 운전방식에 문제의식이 없으며, 오히려 자신이 탁월한 드라이버라고 생각합니다. 하지만 큰 사고를 한번 겪고 나면 자신의 운전 방식에 문제의식을 가지고 안전 운전의 필요성을 느끼게 됩니다. 또 자신이 건강하다고 생각하는 사람은 몸 관리를 소홀히 할 가능성이 높습니다. 그러다가 큰 병에 한번 걸리고 난 후에는 건강의 소중함을 깨닫고 적극적으로 건강 관리를 하게 되는 경우와 같습니다.

마음의 문제도 마찬가지입니다. 스트레스가 축적되어 번아웃이나 우울증을 심하게 겪고 나면 그 다음부터는 스트레스와 마음 관리의 중요함과 필요성을 절실하게 느끼게 됩니다. 이처럼 성격이 변화하기 위한 전제조건은 문제의식과 변화의 필요성을 느낄 수 있을 정도의 강력한 사건을 겪는 것입니다.

하지만 고통을 겪었다고 해서 무조건 변하는 것도 아닙니다. 고통을 어떻게 받아들이고 대처하느냐에 따라 성격을 변화시켜 새로운 삶을 시작하거나, 아니면 고통 속에서 그대로 방황하게 되느냐가 결정됩니다.

고난과 좌절을 변화의 밑거름으로

우리는 성공한 사람들을 보며 그 사람처럼 되고 싶어 합니다. 그러나 대부분은 겉으로 드러난 화려한 모습만 보는 것일 뿐, 그 과정에서 겪었을 수많은 좌절과 어려움은 보지 못합니다. 스포츠 스타들에게는 슬럼프와 부상이라는, 연예인들에게는 오랜 무명 시절이라는 어려움이 있었습니다. 때로는 본인의 실수나 복잡한 상황으로 구설수에 휘말리기도 합니다. 하지만 이에 좌절하지 않고 어떻게 해결하면 좋은지에 대해 고민하고 노력합니다. 어려운 상황은 실패의 원인이 되지만, 더 큰 성공과 발전의 원인이 되기도 합니다. 적절한 수준의 좌절과 어려움은 사람을 성장시키고 발전시킵니다.

그런데 실제로는 적절한 수준의 좌절이란 없습니다. 나에게 닥친 좌절과 고통을 극복하고 이겨냄으로써 '나를 무너뜨리는 좌절'이 아니라 '나를 성장시키는 적적한 수준의 좌절'로 만드는 것은 바로 나입니다. 가장 큰 문제는 같은 문제를 반복해서 겪으면서도 변화의 필요성을 느끼지 못하는 것입니다. 만약 이전에 비슷한 문제를 겪었음에도 아무런 문제의식이 없었거나 변할 필요를 못 느꼈다면 결국 나에게 아무 변화도 없습니다.

성격이란 이미 습관이 되고 안정된 나의 행동 패턴입니다. 이를 변화시키기 위해서는 강력한 노력이 필요하며, 비슷한 상황일지라도 새로운 방법을 시도해 보고 그중에서도 제일 좋은 결과를 선택하여 반복적으로 실행하고 노력하는 게 필요합니다. 문제의식과 변화의 필요성에 기초하여 이를 개선하려는 '엄청난 노력과 실행'이 뒷받침되어야 합니다. 게다가 이런 새로운 행동 패턴이 새로운 습관으로 안정되는 것은 또 다른 문제입니다. 충분히 연습하고 습관으로 만들어 안정적인 행동으로 자리 잡지 않으면 이는 반쪽의 성공일 뿐입니다.

3 ╳ 사람의 성격을 꼭 바꿔야 하나요?

성격을 바꾸려면 너무 힘들 것 같아요

심리치료나 상담을 할 때, 마음이 힘들어진 원인이 어떤 상황 때문이라면 상대적으로 개선이 쉽습니다. 경제적인 문제나 가까운 가족의 질병, 죽음 때문에 생긴 심리적 어려움은 상황이 개선되거나 상황을 견디는 심리적 내성과 대응능력을 향상시키면 해결됩니다. 그런데 성격에 대한 심리치료는 상당히 어려운 과정입니다. 어린 시절의 경험이나 오랜 기간 지속되어 온 행동 패턴을 바꾸기 위해서는 그만한 시간과 노력이 필요하기 때문입니다.

성격의 변화 과정에서도 마찬가지입니다. 누구나 크고 작은 성격상의 이슈들을 가지고 있습니다. 이슈라고 표현하는 이유는 꼭 개선하거나 고치지 않더라도 세상을 살아나가는 데 큰 문제는 되지 않는 것들도 있기 때문입니다. 다만 내가 불편하거나 다른 사람을 힘들게 할 수는 있습니다. 이것을 개선할 것인지 말 것인지는 스스로의 판단일 뿐입니다. 하지만 성격을 변화하려고 한다면 어설픈 마음가짐으로 덤벼서는 안 됩니다. 그 과정은 생각보다 길고 험난한 과정일 수도 있습니다. 때로는 잊고 싶어서 일부러 회피해 왔던 성격 형성 과정을 되돌아봐야 할 때도 있습니다. 또는 새로운 성격에 익숙해질 때까지 끊임없는 연습이 필요하기도 합니다.

성격을 바꾸면 더 편해져요

저에게 어느 날, IT업체의 유능한 기획자가 찾아와서 상담을 원하는 이유를 명쾌하고 논리적으로 설명했습니다. 지금 이 문제를 개선하지 않으면 생길지 모르는 비극적인 미래까지 일목요연하게 정리해서 자세하게 설명하는 게 예사롭지 않았습니다. 그는 회사에서 전격적인 투자를 받는 핵심 인재로, 번아웃으로 힘들 때도 회사에서 아낌없는 지원을 받았습니다. 말 그대로 업무나 개인적인 삶 모두에서 깔끔하게 정리되고 완벽한 모습을 보이는 건강하고 이상적인 강박적 성격의 소유자였습니다.

그가 탁월한 능력을 발휘하고 남들과 비교할 수 없는 업무 성과를 만든 비결은 예상할 수 있는 모든 최악의 상황을 가정하고 그에 맞추어 철저히 준비하는 것이었습니다. 문제 중심적으로 사고하여 문제가 생길 수 있는 여지가 전혀 없도록 100% 완벽한 솔루션을 만드는 데 집중하였고 그래서 항상 좋은 결과를 낼 수 있었습니다.

하지만 그가 완벽하게 대비한 문제들은 대부분 발생 가능성이 5%도 안 되는 것들이었고 심지어 1%의 가능성까지도 차단하느라 모든 심리적 에너지를 쏟았던 게 오히려 문제였습니다. 아주 희박한 가능성마저도 완벽하게 통제해야만 마음이 놓였던 그는 어떤 문제도 발생하지 않는 철저하고 완벽한 결과를 냈지만, 그 과정에서 너무 많은 심리적 에너지를 소비하여 결국은 번아웃에 이른 것입니다. 게다가 자신의 완벽한 일 처리 방식이 너무도 당연하고 누구나 다 지켜야만 하는 최소 기준이라고 생각했기 때문에 책임감도 생각도 없이 헛점이나 실수를 보이며 대충 일하는 것으로 보이는 주변 사람들에게 분노도 쌓여 있었습니다.

이런 행동을 보이는 이유는 성격과 그 성격에 영향을 끼친 주변 환경이었습니다. 부모님은 항상 '그 정도로 잘난 척하지 마라! 겸손해야만 한다! 이 점수에 만족하면 더 이상의 발전은 없다!'라는 것을 강조하시면서 '이 문제는 왜 틀렸니? 이건 맞출 수도 있는 건데 왜 놓친 거니? 이렇게 정신이 없어서 제대로 사회생활을 하겠니?'라는 질책을 했다고 합니다.

일은 많으나 체계적인 업무 시스템이나 지원이 부족했던 이전 직장에서는 매일 전투적으로 완벽한 일 처리를 하였으나 다른 사람들의 실수나 잘못, 시스템 미비로 문제가 반복되었습니다. 그래서 철저하고 완벽하게 업무를 완결하고도 마음을 놓을 수 없었고 돌발적 상황이 생길까 걱정하고 대비해야 했습니다.

이런 성격과 환경의 조합이 반복되면 강박은 습관이 되고 굳어집니다. 그래서 다른 가능성을 생각할 수도 없이 지금의 내 방식만이 정답이라는 생각으로 무조건 반복하게 됩니다. 이제는 업무 능력을 인정받아 좋은 회사로 이직해서 주변에 일을 도와줄 유능한 사람들이 많고, 시스템도 잘 갖추어져 있으며, 문제를 해결해 줄 수 있는 믿음직한 상사가 있는데도 불구하고 반복됩니다. 꼼꼼하고 정교한 일 처리와 높은 수준의 목표를 정하고 이를 반드시 이루고자 하는 경향은 항상 좋은 결과를 가져옵니다. 하지만 모든 것에서 높은 수준의 목표를 달성할 수는 없고 마음의 에너지는 금세 바닥이 납니다.

그에게 필요한 것은 결국 성격을 바꾸고, 지금의 상황에서 어떻게 행동하는 것이 적절한지를 돌아보는 것이었습니다. 먼저 집중해야 할 일들과 대충 해도 되는 일들을 구분하였는데, 이것만으로도 심리적 에너지의 낭비를 많이 줄일 수 있었습니다. 또 최악의 경우를 예상해야만 했던 이전 상황과, 업무상 역할과 책임이 분명하고 문제가 발생해도 이를 해결하는 전담부서까지 있는 현재의 상황을 하나씩 비교해 나갔습니다. 습관이 된 행동 중에서 안 해도 되거나 역할과 책임을 벗어나는 영역들을 구분해서 불필요한 일들을 하나씩 제거하거나 바꾸었습니다. 번아웃이 올 정도로 에너지 낭비가 심했던 포인트들을 짚어내어 집중도를 낮추고 최악의 경우를 가정하지 않거나 타인에게 위임하는 연습을 하나씩 해나갔습니다.

일단 변화가 시작되자 그는 엄청나게 빠른 속도로 변하였습니다. 이제까지는 습관적으로 해왔기 때문에 문제라고 인식하지 못했고, 문제라고 생각하지 않아서 다른 방법도 있다는 것을 생각하지 못했던 것뿐이었습니다. 어떤 일을 하든지 논리적이고 합리적으로 생각하며, 자신의 노력이나 투자로 어떤 이익과 손해가 있을지 분석하는 능력이 탁월했기 때문에 자신의 생각과 행동도 논리적으로 분석해서 타당성과 효율성을 따졌습니다. 그 결과 놀라울 정도의 엄청난 행동 변화로 번아웃에서 벗어났을 뿐 아니라 걱정만 하던 예전에는 놓치고 살았던 마음의 여유와 만족, 성취감을 회복할 수 있었습니다.

성격을 이해하면 더 행복할 수 있어요

결혼은 인생에서 경험할 수 있는 가장 강력한 상호작용입니다. 배우자는 인생에서 가장 큰 행복과 즐거움을 주는 상대이면서 인성의 바닥까지도 드러나는 고통과 스트레스를 주기도 합니다. 이렇게 천국일 수도 지옥일 수도 있는 결혼에 가장 영향을 미치는 것 역시 성격입니다.

저는 얼마 전, 조용하고 차분하나 논리적이고 지적인 날카로움이 있는 대기업 전략 부서 직원인 A를 만났습니다. 인간관계에 관심도 동기도 없으며 회사에 있을 때를 제외하고는 혼자 노는 것에 익숙한 분열성 성격의 소유자였습니다. 사회적 관심사나 사람에 대한 신경도 끄고 자신만의 세상에서 충분히 만족하고 있었습니다.

그런 그에게 어느 날 낯선 느낌을 주는 B가 나타났습니다. 대부분 차갑고 굳어있는 자신과는 달리 항상 온화한 미소와 부드러운 말투로 자신을 따뜻하게 대하는 상대가 낯설게 느껴지고 이해할 수 없었습니다. '저 사람은 왜 나를 보면 웃는 거지? 내가 해준 것도 없는데, 왜 나한테 잘해주는 걸까? 혹시 숨겨진 의도나 목적이 있는데, 내가 파악하지 못하는 걸까? 대체 왜 저렇게 행동하는 걸까?'라는 물음에 답을 찾지 못했습니다.

따뜻한 성품의 간호사였던 B도 혼란스럽기는 마찬가지였습니다. '좋은 사람도 많아서 행복하고 즐거울 수 있는 세상인데, 왜 저 사람은 저렇게 세상과 담을 쌓고 혼자만의 세상에 갇혀있는 걸까?' 이런 안쓰러운 마음에 자꾸 관심이 갔습니다. 한편으로는, 감성이 넘치는 반면 똑부러지지 못하고 사람에 치이는 자신과 달리 쿨하고 냉정해 보이는 그의 모습이 강한 매력으로 다가오기도 했습니다. 그렇게 의구심 가득한 낯섦으로 시작해 서로의 다름을 매력으로 느끼며 두 사람의 사이는 깊어졌고 결혼으로 이어졌습니다.

A는 결혼을 해서 기쁘기도 했지만 한편으로는 다른 사람의 인생을 책임져야 한다는 의무감과 책임감에 신경이 날카로워졌습니다. 반면 자신이 소중하게 여기는 사람에 대해서는 의존적인 성향이 강했던 B는 따뜻한 말 한마디나 마음의 위로와 지지를 해주기를 바라는 소박한 바람도 충족되지 않자 점점 더 서운하고 화가 쌓여갔습니다. 그래도 좋은 점만 보면서 참았던 이 부부도 아이가 태어나고 육아 부담과 스트레스까지 생기자 결국 터질 것이 터지고 말았습니다. 한없이 행복할 것만 같던 두 사람은 점점 더 불편하고 힘든 사이가 되었으며 잦은 싸움으로 지쳐갔습니다.

B는 A에게 왜 자신과 아이를 돌보지 않는지 비난하고 서운함을 표현하였으며, 그동안 자신의 헌신과 노력을 인정하지 않는 듯한 A의 모습에 분노하였습니다. 반면 A는 가족에 대한 정서적인 지지와 관심은 물론이고 집안일 같은 현실적인 부분까지도 감당하라는 요구에

부담감과 책임감만 커져버렸습니다. 그리고는 성격대로 근본적인 원인을 탐색하기 위한 진지한 생각에 몰두해, '대체 내가 이 결혼을 왜 했을까?'라는 회의에 빠져들었습니다.

이들은 매우 다른 성격을 가지고 다른 분위기의 가정에서 자랐고, 사회인으로서도 요구되는 역할과 능력이 완전히 다른 직업을 가졌습니다. 서로의 다름이 낯설었으나 매력으로 느껴졌고, 그 매력에 끌려 결혼을 하여 가장 끈끈하고 든든한 마음의 안식처라고 여겨지는 가족을 만들었습니다. 그러나 내 사람이 되고 한 가족이 되었다고 생각한 순간부터 서로의 다름을 인정하고 존중하며 매력으로 느끼기보다는 각자 자신의 방식을 인정하고 따라주기를 원한 것이 갈등과 대립의 원인이었습니다.

제가 이 부부를 돕기 위해 한 일은 두 사람이 처음 만났을 때 느꼈던 매력과 추억 그때의 모습을 떠올리게 하는 것이었습니다. B는 A의 차갑고 냉정해 보였으며 객관적이고 합리적이었던 첫 모습을, A는 자신과는 다르게 따뜻하고 감성이 풍부했던 B의 첫 모습을 기억해 냈습니다. 그리고 지금 나를 힘들게 하는 이 사람의 모습이 처음 매력을 느꼈던 모습과 다르지 않다는 것을 쉽게 확인할 수 있었습니다. 결혼해서 사람이 변한 것이 아니라 그때는 매력으로 느꼈던 면들이 지금은 스트레스와 갈등의 원인이 되었다는 걸 확인하는 과정입니다.

결국 남은 것은 본인들의 선택입니다. 예전에는 매력으로 느꼈던 이전의 모습을 잊어버리고 성격과 행동을 모두 바꾸기를 요구할 것인지, 아니면 상대의 매력을 추억하고 이를 존중하여 현재 상황에 맞취 타협하고 조율할지에 대한 결정만이 남은 것입니다. 다행히도 이들은 아직도 마음을 설레게 하는 상대의 다름을 확인하고 인정하였으며, 그럼에도 여전히 바라는 점들은 진지하게 상의했습니다.

A는 감수성 훈련을 통해 감정을 느끼고 표현하는 연습에 집중하였으며, 특히 자신에게는 너무 낯설고 낯간지럽지만 상대가 간절히 바라는 '사랑해! 고마워!'와 같은 달달한 표현들을 전달해 보려고 노력했습니다. 자신의 기대를 맞춰주지 않는 A에게 서운함과 화가 가득했던 B는 상대방의 성격을 배려하여 기대할 수 있는 만큼의 현실적인 요구만 하였습니다.

과연 이 부부는 어떻게 되었을까요? 물론 여전히 티격태격하고 서운해하고 상처를 주기도 합니다. 하지만 분명 서로를 사랑하고 아끼며, 서로의 노력을 인정하고 칭찬하면서 상대방이 원하는 것을 맞춰주려고 최선의 노력을 한다는 것을 알게 되었습니다. 매주 아이를 안고 상담실로 들어오는 부부의 표정이 점점 환해졌습니다. 아마도 같은 노력이 계속되는 한 서로의 다름을 존중하며 서로 보완해 주는 행복한 가족을 이룰 것입니다.

성격을 전부 바꿀 필요가 없어요

성격을 바꾼다는 말은 누구에게나 부담이 됩니다. 그럴 필요를 느끼더라도 속으로는 '그렇게 타고 태어난 걸 어쩌라고?', '헉! 언제 이 성격을 다 바꾸지?'라는 스트레스와 부담을 가지는 겁니다.

성격을 전부 바꿀 필요는 없습니다. 불편한 몇몇 부분만 바꾸면 된다고 생각하면 마음이 한결 편해질 겁니다. 내가 하는 행동이 모두 다 타고난 성격 때문도 아닙니다. 타고난 성격과 함께 지금까지의 경험들도 나를 만들었고 앞으로 처하는 환경에 따라서 또 변할 수도 있습니다. 내가 하는 행동에 영향을 끼치는 한 부분인 성격, 그 성격의 일부만 바꾸려고 노력하면 됩니다. 게다가 성격을 완전히 바꾸면 지금 가진 장점이 사라질 수도 있습니다. 다른 사람의 성격을 바꾸는 것도 마찬가지입니다. 내가 원하는 대로 그 사람의 성격이 바뀐다면 그 사람이 가진 장점도 사라질 수 있습니다. 성격은 완전히 바꾸는 게 아니라 문제가 될 수 있는 부분들만 개선하면 됩니다.

어차피 성격은 쉽게 바뀌지 않습니다. 열심히 노력해서 문제가 되는 몇 가지만 겨우 바꾸는 것입니다. 하지만 성격의 이 작은 변화는 노력한 것의 몇 배, 몇십 배 이상의 효과를 가져옵니다. 오랜 고통과 힘들었던 마음을 줄일 수 있으며 지금보다 훨씬 더 행복하고 즐겁게 살아갈 수 있습니다. 나와 함께 사는 사람들의 고통을 줄여주고 행복과 만족을 선물할 수도 있습니다. 이 정도면 성격을 바꾸려고 노력할 만한 충분한 이유가 되지 않을까요?

4 ✕ 다른 사람의 성격을 바꾸는 방법이 있나요?

상황 1. 딸의 심리검사를 의뢰한 아버지와의 대화

치료자: 무엇을 도와드릴까요?

보호자: 제 딸 아이의 성격을 개조하고 싶습니다.

치료자: 성격을 개조한다고요? 왜요?

보호자: 제 딸이 인간관계에서 제한적이고 폐쇄적인 경향이 너무 커서 나중에 사회생활 할 때 큰 문제가 생길 것 같습니다.

치료자: 보호자분 성격은 어떠세요?

보호자: 제가 어릴 때 그런 성격이었어요. 제 딸이 제 성격을 똑같이 빼다 박았습니다. 그래서 제가 겪었던 일들을 딸이 겪을 걸 생각하면 너무 걱정됩니다. 그래도 어릴 때부터 성격을 개조하면 저보다는 더 나은 삶을 살 수 있을 거 같아요.

코치 : 어떤 도움이 필요하십니까?

CEO : 저희 회사 이사들이 문제가 많아서요! 어떻게 하면 그들을 변화시킬 수 있을까요?

코치 : 그들에게 어떤 문제가 있습니까?

CEO : 다들 잡생각만 하고 실행력이 너무 없어요. 뭐라고 얘기를 하면 곧바로 실행을 해도 모자랄 판에 다들 '생각 좀 해보겠습니다!'라고만 하고 꾸물대는 모습을 보면 속 터져요!

코치 : 뽑을 때는 그런 줄 모르고 뽑으셨나요?

CEO : 뽑을 때는 신중하고 꼼꼼하고 사려 깊은 면들이 너무 맘에 들었거든요. 제가 워낙 행동파다 보니까 저를 보완할 수 있는 최적의 사람이라고 생각을 했죠! 그런데 막상 일을 하다 보니까 이런 결함이 있을 줄은 몰랐습니다! 그래도 기본적으로 직장인이면 빠릿빠릿하게 행동해야 하는 거 아닙니까?

우리는 보통 다른 사람들의 행동을 이해하고 해석하려 합니다. '대체 저 사람은 왜 저러는 거야?'라는 질문이 바로 다른 사람의 행동을 이해하려는 마음을 반영하는 것입니다. 그런데 부부, 가족, 동료 등 자신과 가까운 사람이거나 이해관계가 얽혀있는 경우에는 그 사람을 이해하는 수준에서 끝나지 않고 자신이 기대하고 원하는 대로 그 사람이 바뀌었으면 하고 바라게 됩니다.

앞서 소개한 상황에서 내성적인 성향이 강했던 보호자는 사회생활을 하면서 고민과 아픔이 많았습니다. 항상 적극적이고 사교적인 사람들을 부러워하며 그들의 행동을 닮기 위해 노력했습니다. 그런데 어느 정도 노력하여 사교적인 것처럼 보이는 건 가능했으나 인간관계는 항상 긴장감을 높이는 어려운 과제였으며, 노력했음에도 불구하고 근본적인 성격을 바꾸지 못했다는 자책감을 가지고 있었습니다.

자신이 살아왔던 아픔과 힘듦 때문에 자신과 비슷한 성격인 딸의 행동을 바라볼 때마다 딸도 자신이 살아온 과정을 거치게 될 거라는 걱정에 사로잡혔습니다. 자신의 아픔을 반복하지 않게 해주고 싶은 안타까운 부모의 심정은 백번 이해하고도 남습니다. 그래서 딸의 성격을 바꾸고 싶다는 간절한 바램도 충분히 공감됩니다. 딸만큼은 자신과 같이 고단한 인생을 살지 않고 좀 더 활동적이고 사교적인 삶을 살게 하고 싶은 부모의 간절한 마음은 우리를 뭉클하게 합니다.

왜 상대가 완벽하길 바라는가

하지만 이는 지극히 자신의 입장과 관점에서의 판단이며, 다른 사람을 존중하고 배려하지 않은 접근이라는 점을 생각할 필요가 있습니다. 얼핏 단점처럼 보이는 행동 이면에는 그에 상응하는 장점과 잠재력이 있는 법입니다. 또한 명백한 장점이라고 생각되는 행동에는 반대급부의 단점이 자리 잡기도 합니다. 그런데 자신도 모르게 다른 사람에 대해서는 현실적으로 불가능한 완벽을 기대합니다.

차분하고 조용한 성격을 가진 딸은 집에서나 학교에서 문제를 일으키는 일이 거의 없습니다. 어떤 상황에서도 사려 깊게 행동하기 때문에 실수를 하는 일도 적습니다. 반면 딸과는 다른 성격의 아이들은 활발하게 많은 친구들과 관계를 맺기는 합니다. 그런데 차분하고 조용한 딸과 비교하면 관계의 깊이나 진지함이 부족할 수밖에 없습니다. 게다가 '가지 많은 나무 바람 잘 날 없다'라는 말처럼 친구들과의 관계에서도 '다사다난'한 과정을 겪게 됩니다.

빠른 행동력과 강한 추진력을 가진 CEO에게 있어서 치밀하고 정교한 사고력을 가지고 다양한 측면들을 충분히 심사숙고한 후에 행동하는 이사진은 더할 나위 없이 좋은 보완적 파트너입니다. 이런 점들을 자신에게 꼭 필요한 보완점으로 생각하고 그런 특성을 가진 사람을 이사로 뽑은 CEO의 마인드 자체는 훌륭합니다. 다만 그들에게 일단 나의 조직에 들어왔으니 무조건 내가 하는 일 처리 방식에 맞추라는 요구는 불가능한 것입니다. 그들이 충분히 생각에 집중하여 결론을 내릴 때까지 조급함이나 다그침으로 그들의 집중과 몰입을 방해하지 말아야 합니다. 그래야 자신이 원하던 보완적 행동들이 충분히 빛날 수 있습니다.

그래도 바꾸고 싶다면 & 바꾸어야만 한다면

다른 사람의 성격이 바뀌면 좋겠다고 원하는 경우를 가만히 살펴보면, 현실적으로는 불가능한 완벽한 인간을 기대하는 경우가 많습니다. 적극적이고 추진력 있으며 빠른 실행력을 보이면서, 신중하고 세심하며 차분하고 조용하기도 한 사람을 원하는 것입니다. 혹시 이런 사람을 진짜로 본 적이 있습니까? 저는 상담을 통해 수많은 사람을 만났어도 이렇게 완벽한 사람은 결코 본 적이 없습니다.

그래도 다른 사람의 성격을 바꾸고 싶거나 또는 바꿔야 하는 상황이 있습니다. 너무도 사랑해서 결혼했지만 막상 한 지붕 아래서 함께 생활하는 것은 또 다른 문제입니다. 그 안에는 많은 갈등과 문제들이 생길 수밖에 없으니 서로의 삶의 방식을 조율하거나 맞춰가려는 노력이 있어야만 합니다. 한 시간 정도의 면접으로 신입사원의 모든 걸 파악할 수는 없습니다. 막상 채용하고 보면, 면접 때는 보지 못했던 아쉬운 점들이나 보완이 필요한 행동들을 발견하게 됩니다. 또한 실무급에서는 탁월한 성과를 보였으나 관리자나 리더가 된 후 그동안 보이지 않던 사람 관계나 리더십에서 문제가 드러나는 경우들도 있습니다.

성격을 바꾸기 위한 3단계

성격을 정말 바꾸어야 한다면 다음의 세 가지 단계와 과정을 거치는 게 좋습니다. 이는 내 성격을 변화하거나 남을 변화시키는 과정 모두에 적용됩니다.

1 | 장단점을 정확하게 파악한다

비현실적이고 불가능한 변화를 기대하거나 요구하지 않기 위해서는 스스로를 객관적으로 돌아보고 평가하는 과정이 꼭 필요합니다. 막연한 기대를 걷어내고 객관적인 차원에서 장단점을 파악하는 게 먼저입니다. 내성적인 성격이 강했던 아빠는 딸의 모습 중에서도 자신이 힘들었던 때의 행동을 발견하는 순간 걱정과 불안이 앞섰습니다. 혹시라도 사랑하고 아끼는 나의 딸이 자신과 같은 힘듦을 겪지 않기를 바라는 마음이었을 것입니다. 그런데 이와 같은 아빠의 걱정스러운 마음은 결과적으로 딸이 가진 장점을 놓치는 결과를 가져온 것입니다. 조용하고 차분할 딸은 나이보다도 더 성숙하게 행동할 줄 아는 신중하고 사려 깊은 성격입니다. 이와 같은 균형적 관점을 놓치는 순간 우리는 다른 사람에게 무리하고 불가능한 기대와 요구를 하게 됩니다.

2 | 변화가 필요한 행동이나 생각, 성격을 정한다

변화한다는 것은 자신의 성격을 얼마나 바꾸는 것일까요? 성격의 변화나 발전과 성장이 부담스러운 건 완벽한 성격 개조처럼 느끼기 때문인 경우가 많습니다. 하지만 그런 변화는 없습니다. 성격이나 삶의 일부만을 바꾸는 것일 뿐입니다. 어떤 변화를 기대하고 요구하는지에 대해서 가능한 한 구체적이고 명확하게 확인하여 변화의 목표와 기대를 정해야 합니다. 가능한 한 작은 범위와 구체적인 변화를 기대하는 게 좋습니다. 그래야만 쓸데없는 부담감과 두려움을 걷어내고 건강한 변화와 성장을 위해 실천할 수 있습니다. 강한 행동력을 가진 CEO는 자신의 강점이 단점으로 작용할 수 있다는 것을 정확하게 인식할 정도로 균형적 관점을 가지고 있었습니다. 그리고 자신의 단점을 보완할 수 있는 '다름'을 가진 이사들을 자신의 옆에 둘 정도로 성숙하고 발전적인 선택을 했습니다. 그러나 막상 같이 업무를 수행하다 보면 '다름'으로 인해서 불편함이나 갈등이 생길 수밖에 없었습니다. 과연 그들에게 본인과 같은 행동력과 추진력을 원하는 것이 적절할까요? 그렇게 된다면 자신에게 보완적이라고 생각했던 정교함과 꼼꼼함을 놓치게 되지는 않을까요? 기본적으로 이사진들의 꼼꼼하고 정교한 업무처리능력은 CEO에게는 큰 도움과 힘이 되었습니다. 다만 서로의 성격을 고려한 맞춤형 커뮤니케이션과 교류 능력만 보완하면 되는 문제였을 뿐입니다. 모든 성격이나 특성들을 통째로 변화하는 것은 가능하지도 않고 바람직하지도 않습니다. 구체적이고 명확하게 변화해야 할 목표를 정하는 것이 필요합니다.

3 | 어떤 방식으로 변화를 이룰지 방법을 고민한다

나의 장단점을 파악하고 어떤 면을 변화시킬지를 정했다면, 이제는 어떤 방식으로, 어느 정도 기간을 가지고 변화를 이뤄갈지 고민해야 합니다. 목표를 이루기 위한 중간 단계들을 계획하여 각 단계에서의 구체적인 방법들을 찾은 후 꾸준히 변화를 시도하면 됩니다. 차분하고 조용한 딸의 성격을 개조하고 싶었던 아빠는 딸의 성격을 바꾸기 위해 무리수를 두었습니다. 별다른 인간관계가 없어 일찍 퇴근하던 아빠는 집에 들어왔을 때 딸이 집에 있으면 친구들과 적극적으로 인간관계를 하라고 강요하며 밖으로 내보냈습니다. 딸의 성격을 바꾸겠다고 저녁시간에 어린 딸은 내보내는 것이 과연 적절한 방법일까요? 효과적으로 딸의 성격을 바꿀 수 있었을까요? 오히려 딸의 마음에 상처와 스트레스만 늘었을 것입니다.

내성적이고 조용한 딸의 인간관계를 개선하고 싶다면, 우선 긴 안목으로 접근해야 합니다. 이들의 인간관계는 깊고 진지한 반면에 친해지는 데 시간이 많이 걸리기 때문입니다. 또한 인간관계의 양을 늘리기 위해서는 딸이 원하는 학원이나 과외활동을 늘려주는 것이 필요합니다. 그래야 더 많은 친구들을 접할 수 있으며, 그 안에서 맘에 맞는 친구들을 만날 수 있습니다.

이처럼 분위기를 조성해 주는 것뿐 아니라 구체적인 방법에서도 성격을 고려한 맞춤형 접근이 필요합니다. 이사들의 행동이 마음에 들지 않았던 CEO는 우선 두 가지 정도의 목표를 정했습니다. 적극적으로 그들의 얘기를 경청하고 윽박지르지 않도록 주의하기로 했습니다. 그들도 나름대로의 업무 처리 패턴과 속도를 가지고 있으니 이를 존중하고 인정해 주기로 한 것이며, 윽박지르면 오히려 혼란만 부추길 뿐 도움 될 것이 없었기 때문입니다. 이와 더불어 회의 주제나 아젠다를 미리 전달해 회의 전 '충분히 생각하고 준비할 여유'를 주었으며, 워낙 공개적인 자리에서의 긴장감이 높았던 그들을 배려하여 회의 시에는 부담스럽지 않은 칭찬과 지지를 제공하여 꾸준히 자신감을 높여주었습니다.

이처럼 딸이나 이사의 성격을 고려한 맞춤형 접근을 한 결과는 어땠을까요? 비슷한 성격을 가진 딸과 아빠는 서로를 잘 이해하고 배려하는 좋은 부녀관계가 되었습니다. 때로는 미래에 대한 걱정과 불안에 사로잡히기는 하나 그래도 장단점을 균형 있게 인정해 주는 든든한 지원군이 되었습니다. 또한 서로의 부족함과 보완점이 분명한 CEO와 이사들은 서로의 부족함을 채워주는 동료이자 파트너가 되었으며, 그들 간의 관계가 좋아졌음은 물론 회사의 실적도 향상되었습니다.

Epilogue. ✕ 나그네의 옷을 벗기는 것은
세찬 바람이 아니라 따뜻한 햇빛이다

당연하다고 생각하는 '소중하고 중요한 것'

'대체 저 인간은 왜 저러는 거야?'라는 제목에 끌렸던 이유는 무엇입니까? 세상은 참 이상한 사람들이 가득한 위험한 곳이라는 통찰일까요, 아니면 세상에는 피해야 할 사람들이 너무 많다는 위험함을 느껴서일까요? 아니면 나는(또는 저 사람은) 정말 문제가 많은 사람이라는 평가와 판단을 위한 것일까요?

혹시 주변에 비교적 합리적이고 이성적으로 행동하는 사람이 있습니까? 상황이나 조건이 변해도 꾸준히 일관성을 가지고 변함없이 당신에게 잘하는 사람이 있습니까? 민망하거나 습관이 되지 않아서 굳이 표현을 하지 않았는데도 내 진심을 알아주는 사람이 있습니까? 또는 한편으로는 쉽게 이해하기 어려운 성격을 가졌다고 생각했지만 여러 가지 성격들을 알아보니 '아하, 그 사람은 또 나름대로의 건강하고 합리적인 면이 있었네!'라는 생각이 들기도 합니까?

이들의 존재와 행동이 당연하고 자연스러운 게 아닙니다. 대단히 훌륭하고 좋은 배려를 받고 있었는데 이제껏 깨닫거나 인식하지 못했었던 것입니다. 그렇다면 그들의 행동이나 나에 대한 태도를 당연하다고 생각하지 말고 깊이 고마워하고 행복해하면 됩니다. 사람에 대해 이상적이고 비합리적 신념을 가지는 것은 소중하고 중요한 것들의 가치를 느끼지 못하게 합니다. 고마운 것을 당연하다고 생각하면 그것이 주는 행복을 제대로 느끼지 못하게 됩니다. 동시에 이상적이고 비합리적 신념에 맞추어 행동하지 않는 사람들도 나름대로의 이유가 있으며 생존을 위한 노력이라고 이해한다면 이들에 대해 실망이나 분노를 덜 느끼게 될 것입니다.

'대체 저 인간은 왜 저러는 거야?'라는 질문은 다른 사람의 행동을 이해하기 위한 노력입니다. 하지만 궁극적인 목적은 단순히 이해하는 데에서 그치지 않습니다. '그래서 어떻게 할 것인가?'가 더 중요한 과정입니다. 어떤 사람을 이해하려는 노력은 결국 그 사람과의 실제 관계가 어떻게 변화할 것인지 해답을 줄 수 있어야 합니다. 그 과정에서 일방적인 설득이나 강압으로는 진정한 변화가 생기지 않습니다. 마지막으로 아래의 세 가지만 꼭 기억하세요.

하나. 변해야겠다는 마음이 첫 번째다

상대방에게 좋은 말이나 필요한 말을 해주면 이를 당연히 알아듣고 변화할 거라는 기대는 우리의 착각입니다. 소귀에 경을 읽어봐야 듣고 싶은 마음이 없는 사람에게는 아무리 좋은 소리라도 들리지 않습니다. 변화를 이루는 데 가장 중요한 것은 문제의식에 기반하여 변해야겠다는 생각을 하는 것입니다. 이게 없다면 변화는 이루어지지 않으며, 갈등이나 문제만 더 깊어집니다.

둘. 다그침과 윽박지름은 금물이다

특히 다그치고 윽박지른다고 결코 변화가 오지 않습니다. 변화하라고 설득하고 강제하는 것은 별 효과를 보지 못합니다. 특히 변화를 기대하는 대상이 자녀나 팀원인 경우에 조급한 마음에 이런 강압적 방식을 취하는 경우가 많습니다. 그런데 이는 오히려 그나마 가지고 있던 마음속 동기를 저하시키거나 반발심을 일으킵니다. 그래서 변화는 고사하고 아예 사이 자체가 나빠지는 부작용이 생기기 일쑤입니다. 세찬 바람은 오히려 나그네가 옷깃을 더 꽉 잡고 벗겨지지 않으려고 애쓰는 결과를 만들어 낼 뿐입니다.

셋. 따뜻한 햇빛으로 비추자

결국 사람을 변화시키는 핵심은 따뜻한 햇빛과 같은 긍정적이고 우호적인 접근입니다. 때로는 엄격한 통제나 날카로운 지적도 필요합니다. 하지만 '긍정적이고 우호적인 관계 내에서'라는 전제가 이루어지지 않는다면 아무런 소용이 없이 마음의 상처와 반발심만을 남길 뿐입니다. 그 사람의 입장과 수준을 고려한 인정과 공감에서 나오는 배려로 마음을 움직이게 돕는 것이 더불어 사는 데 가장 중요한 스킬입니다.

대체 저 인간은 왜 저러는 거야?

초판 발행·2023년 7월 27일

지은이·노주선
발행인·이종원
발행처·(주) 도서출판 길벗
출판사 등록일·1990년 12월 24일
주소·서울시 마포구 월드컵로 10길 56(서교동)
대표전화·02)332-0931 | **팩스**·02)323-0586
홈페이지·www.gilbut.co.kr | **이메일**·gilbut@gilbut.co.kr

편집 팀장·민보람 | **기획 및 책임편집**·방혜수(hyesu@gilbut.co.kr) | **제작**·이준호, 김우식
영업마케팅·한준희 | **웹마케팅**·류효정, 김선영 | **영업관리**·김명자 | **독자지원**·윤정아, 최희창

디자인·말리북 | **교정**·박수영
CTP 출력·인쇄 · 상지사피앤비 | **제본**·경문제책사

• 잘못 만든 책은 구입한 서점에서 바꿔 드립니다.
• 이 책은 저작권법에 따라 보호받는 저작물이므로 무단전재와 무단복제를 금합니다. 이 책의 전부 또는 일부를 이용하려면
  반드시 사전에 저작권자와 출판사 이름의 서면 동의를 받아야 합니다.

ⓒ 노주선

ISBN 979-11-407-0524-5(03180)
(길벗 도서번호 020232)

정가 15,800원

독자의 1초까지 아껴주는 길벗출판사
(주)도서출판 길벗 | IT교육서, IT단행본, 경제경영서, 어학&실용서, 인문교양서, 자녀교육서 www.gilbut.co.kr
길벗스쿨 | 국어학습, 수학학습, 어린이교양, 주니어 어학학습, 학습단행본 www.gilbutschool.co.kr